拓殖大学研究叢書(社会科学)㊶

ロジスティクスの改革最前線と新しい課題

芦田 誠 著

Logistics Innovation
& the new Issues

税務経理協会

はしがき

　東日本大震災においては初動対応の緊急物資輸送が遅れ，また素材や部品供給の生命線である企業のサプライチェーン・マネジメントが寸断された。物流はモノの輸送や保管に関係する業務であり，グローバル化時代を迎え一国の経済だけでなく世界経済を支える屋台骨となっている。物流機能に支障が生じれば，多くの国の経済活動や企業活動，社会生活が停滞することが予想される。

　本書は，生産と消費両面で重要な役割を担う物流を"改革"を切り口に分析し，物流の新しい動きを考察する。その中には企業が取り組む物流イノベーションがあり，物流先進国アメリカの企業がどのような物流改革に取り組んでいるか，日本の企業はどうか。両国の取り組みに相違点があるかなどを明らかにする。

　またグローバリゼーションが進展し物流の国際化が顕著になっている今日，海外に進出した日系物流企業が直面する課題とは何か，どのような改革を行っていくべきか考察する。そして最後に，未曾有の被害をもたらした東日本大震災の物流において何が有効に機能しなかったか，今後物流のどこを変えるべきか考える。"改革"をキーワードに物流の最前線に切り込み，グリーン物流やグローバル物流，災害と物流において求められている新しい時代の物流の課題を明らかにすることができれば幸いである。

　本書の構成は論文集の形態をとり，5本の独立した論文を「物流の改革」をもとに再編成したものである。5本の論文は，①「日米の物流大賞からみた物流改革最前線（交通学研究，日本交通学会）2010年3月」，②「東アジアにおけるＦＴＡの展開と日系企業の物流戦略（運輸と経済70巻12号，運輸調査局）2010年12月」，③「アメリカの物流改革（経営経理研究91号，拓殖大学経営経理研究所）2011年3月」，④「日本におけるグリーン物流の取り組みとその評価（経営経理研究92号，拓殖大学経営経理研究所）2011年10月」，⑤「東日本大震災と物流（日本海運経済学会第46回年次大会，日本海運経済学会）2012年10月」である。関係機

関に厚く謝意を表すとともに，本書を刊行するにあたっては拓殖大学に出版助成を頂いた。また税務経理協会シニアエディター峯村英治さんには出版情勢が厳しい中発行に関して快諾をいただくとともに，拓殖大学大学院博士課程3年宋華純氏ともども多大なご支援を賜った。さらに日本ロジスティクスシステム協会グリーン物流研究会には5年間にわたって物流改革の知見を深める機会を提供していただいた。紙面を借りて心から感謝申し上げます。

平成25年3月10日

芦田　誠

目　　次

はしがき

第1章　日米の物流大賞からみた物流改革最前線 ……… 3
　1　はじめに……………………………………………………… 3
　2　最新の物流理論と日米の物流政策……………………… 4
　　(1)　最新の物流理論……………………………………………… 4
　　(2)　アメリカ政府の物流政策…………………………………… 7
　3　日米の物流大賞の比較…………………………………… 10
　　(1)　日米の物流大賞一覧………………………………………… 10
　　(2)　日米の物流改革の比較分析………………………………… 14
　4　アメリカにおける物流の環境対策の将来 ……………… 18
　5　おわりに…………………………………………………… 19

第2章　アメリカの物流改革 ……………………………… 23
　1　はじめに…………………………………………………… 23
　2　アメリカの物流大賞……………………………………… 24
　　(1)　物流大賞受賞事例…………………………………………… 24
　3　2009年アメリカ・ロジスティクス大賞にみる改革…… 34
　　(1)　金賞「K－C勝利を収めたトレーラーのトラッカー」……… 34
　　(2)　銀賞「Papa John'sのＱＣ探索」…………………………… 36
　　(3)　銅賞「New Egg.comは新しいモデルを作り上げた」…… 38
　4　2011年アメリカ物流大賞………………………………… 40
　5　おわりに…………………………………………………… 43

第3章　日本の物流改革－グリーン物流を中心として－……51
1　はじめに………51
2　グリーン物流の高まりとその経緯………52
(1)　環境負荷低減への取り組み………52
(2)　３Ｒへの取り組み………55
(3)　廃棄物の現状………55
(4)　家電リサイクル法と自動車リサイクル法………56
3　グリーン物流の改革………57
(1)　企業のグリーン物流施策………57
4　日本におけるグリーン物流の今後の展望………69
5　おわりに………75

第4章　物流の国際化と改革………79
1　はじめに………79
2　日本の物流の評価………79
(1)　物流の位置………79
(2)　日本の物流の評価………82
3　グローバリゼーションと物流の国際化………88
(1)　中国進出日系物流企業………89
(2)　日系物流企業が直面する物流問題………90
(3)　注目されるベトナム経済と日系物流企業………92
4　東アジアにおけるＦＴＡの展開と日系企業の物流戦略………96
(1)　ＦＴＡによって変わる日系企業の経営戦略………97
(2)　日系企業における物流戦略の課題………100
5　おわりに………101

目　次

第5章　東日本大震災と物流の改革 …………………… 105
　1　はじめに…………………………………………………… 105
　2　東日本大震災と交通の被災状況………………………… 106
　　(1)　東日本大震災の被災状況…………………………… 106
　　(2)　交通インフラの被災状況…………………………… 108
　3　物流の対応－政府（マクロ）…………………………… 109
　4　物流の対応－企業（ミクロ）…………………………… 116
　5　おわりに…………………………………………………… 122

あとがき ………………………………………………………… 129

索　　引 ………………………………………………………… 133

ロジスティクスの改革最前線と新しい課題

商学部教授
芦田　誠

第1章 日米の物流大賞からみた物流改革最前線

1 はじめに

　本章は，日米の物流大賞を比較し，両国の物流改革にどのような相違点があるか明らかにする。物流大賞とつくものには，アメリカトヨタ自動車販売が授与する Kaizen Challenge Award や３ＰＬに限定したBest North American 3PL Awards，個人を対象としたSOLE Awards など幾つかあるが，このうち日本ロジスティクスシステム協会（JILS）とアメリカ「ロジスティクス・マネジメント社」の物流大賞を取り上げ分析する。日本の物流大賞に JILS を取り上げる場合，本来アメリカもロジスティクスシステム協会の大賞を対象としなければならないが，アメリカの組織「Council of Supply Chain Management Professionals」は JILS と異なって個人会員制度をとっており，個人に対する表彰制度はあるものの企業の物流改革に関する表彰制度は設けていない。
　そこでアメリカについては，物流大賞が比較的広く知られていること，選考対象，選考方法，審査基準が日本の JILS のそれとほぼ同一であるため，ロジスティクス・マネジメント社の物流大賞を取り上げた。ロジスティクス・マネジメント社は1962年に創設され，物流に関係する荷主や物流会社，大学，個人が購入する月刊誌「Logistics Management」を世界で７万７千部発行する会社である。
　同社の物流大賞は，日本の JILS の物流大賞と同様に，企業を対象とし，年１回の審査，応募の中から選考（年平均約80社が応募），審査基準は日本のJILSが創造性，技術革新，経営革新，努力，社会性，成果に対して，ロジスティクス・マネジメント社の物流大賞は，「the fine art on innovation,（革新に対す

る優れた技能), fresh ideas (創造性), thinking to help you reevaluate current logistics practices and reengineer for the future (既存の物流プロセスを再評価し将来のリエンジニアリングに役立つ思考) などの審査基準によって選考が行われている[1]。

図1−1の「研究の視点」が示すように，筆者はそれぞれの国の物流改革は「最新の物流理論（左辺）」と「当該政府の物流政策（右辺）」によって影響を受け，両者のインタラクションの結果現われてくると考えている。このため，本章は最新の物流理論とアメリカの物流政策を簡潔にトレースすることからスタートする。

図1−1　研究の視点

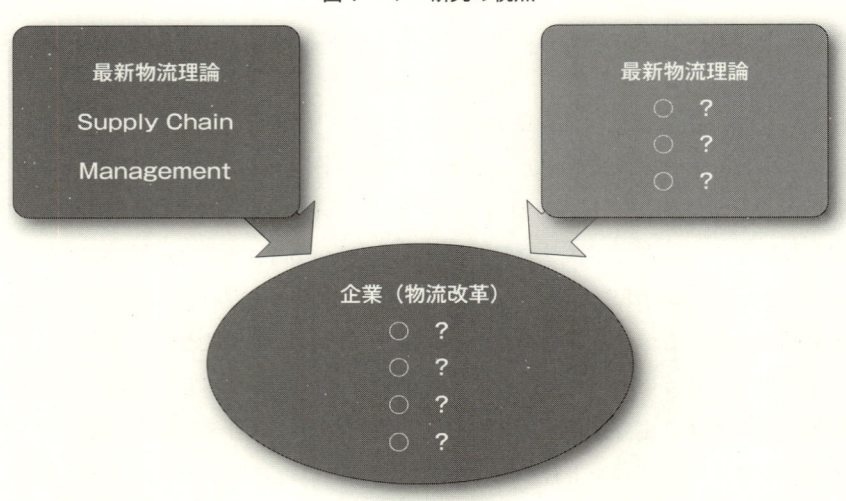

2　最新の物流理論と日米の物流政策

(1)　最新の物流理論

現在，日米の物流現場ではＳＣＭの言葉が流行のように飛び交っており，リードタイムの短縮，物流サービスの向上をめざすサプライチェーン・マネジ

メント[2]）が注目を集めている。ＳＣＭ（Supply Chain Management）とは，サプライチェーン（供給連鎖）を串刺し的に統合し，物流全体の最適化とコスト削減，ＣＳの向上を図る経営手法をいう。これに対して３ＰＬとはThird Party Logisticsの略で，荷主に対して物流改革を提案し，包括して物流業務を受託する業者をいう。図１－２は，荷主と３ＰＬ業者の役割分担を示したものである。従来型の物流業者は，調達，集荷・配送，在庫管理，静脈，保管業務をセグメント単位で引き受けていた。

図１－２　サプライチェーンと３ＰＬ業者の役割

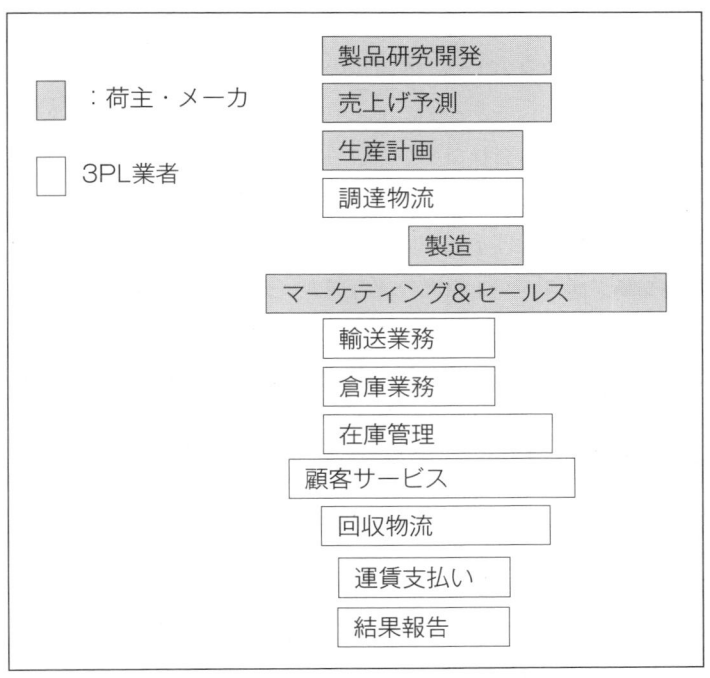

しかし，1990年代に出現してきた３ＰＬ業者は，調達物流や輸送業務，倉庫業務などのサプライチェーン（図のアミ掛け部分）を串刺し的に統合して情報を一元的に管理，市場の動きに合わせて部品調達，生産，商品輸送を行い，時間や経費のムダを省いて物流の最適化を図ろうとする。1990年代にＳＣＭのコン

セプトと３ＰＬ業者が欧米で導入され始めた理由には，次のような背景があった。
① 荷主企業が経営効率化のためにドラスティクなリストラを断行しCore Competence（本業）に回帰専念しなければ，きびしい市場のサバイバル競争に生き残れなくなったこと。
② インターネット販売とグローバル化，Quick Response（すばやい対応），Efficient Consumer Response（効率的な消費者対応），ＩＴ化等の急速な進展により，物流においてローコストとリードタイムの短縮が絶対的な条件となってきたこと。
③ 1980年アメリカ政府のトラック運送の規制緩和によって利用運送事業への参入規制が撤廃され，トラックに加え航空貨物や海運，倉庫業者のみならず，卸売業者や情報ソフト会社などが，自ら培ったノウハウを利用してこの分野への進出が可能になったこと。

３ＰＬに求められる条件としては，物流ノウハウの蓄積，経理や企画，交渉，販売などの知識，グローバル物流の遂行能力，先端情報システムの装備，最適ロジスティクス・ソリューションの開発力，ハイリスク・ハイリターンの認識，プレゼンテーション能力があげられるが，最大のポイントは「物流の最適化プログラムとそのシステム設計」を構築することができるか否かである。倉庫や車両，要員などアセット（資産）の保有は必ずしも絶対必要条件ではない。

図１－３　ＳＣＭが成功する条件

| 高速化
在庫圧縮 | ☆生産条件：部品や製品の品質基準の設定，生産の平準化，流れ作業，不良品の発生時の従業員による即座の作業中断，在庫圧縮。
☆輸送条件：配達時間枠の設定，サイド積みトラックの採用，クロスドッキング，小ロット，混載輸送，Milk Runs（巡回集貨）。
☆取引業者間の条件：ネットワーク構築による情報の共有とパートナーシップの確立。 |

SCMが成功する条件を絞り込むと、「高速化」と「在庫圧縮」の2つであり、それらを実現する具体的な施策が生産、輸送、取引業者の3条件である。生産条件においては、部品や製品の品質基準の設定、生産の平準化、流れ作業、不良品の発生時の従業員による即座の作業中断などであり、輸送条件においては、配達時間枠の設定、サイド積みトラック、クロスドッキング、小口ロット、混載輸送、Milk Runsなど、そして取引業者間の条件はネットワーク構築による情報の共有とパートナーシップの確立である。なおクロスドッキングとは、仕入れと納入を直結し、無駄な保管を省いた物流システムであり、究極の物流合理化と言われている。

　SCMが有効に機能するためには、関係企業間のコラボレーションが不可欠である。コラボレーションとは、異なる2つの主体が共通の目的をもって協同することである。シュレーグは、コラボレーションによって個別企業では到達できなかった成果を生み出すための相互作用のプロセスであるとした。単なる共同作業ではなくイノベーションを生み出す共同がコラボレーションなのである。SCMは関連する企業間のコラボレーションのもとで推進されるが、現実には荷主の価格引き下げ要求や運送会社のサーチャージ、情報交換のデータ様式の不統一、緊急時のリスクマネジメントへの対応、商慣習など企業間のパートナーシップを阻む要因はあまりにも多い。現代企業の物流改革は、この最新のSCM理論からどのような影響を受けているのであろうか。この結果が物流大賞に現れてくると考えるのである。

(2) アメリカ政府の物流政策

　企業の物流改革に影響を及ぼすいま1つの要因が政府の物流政策であるが、これを一口でまとめることは簡単ではない。なぜならば、何か問題があって、それを解決すべく政府が対策を講じた結果が政策であり、通常それらは断片的に行われている。したがって、アメリカの物流政策をパッケージとしてその全体像を示すことは非常に難しい。

　表1-1は、アメリカ連邦政府「Academy of Sciences」の2003年報告書

表1-1　アメリカの物流政策

① 物流インフラ（道路，空港，鉄道，港湾など）の供給と運営（provision and operation infrastructure）
（トラック用駐車施設，インターモーダル物流施設，鉄道復旧改良財務援助，鉄道と接続したプラントや施設を持つ荷主の新規鉄道施設建設に対する財政補助，バージニア港～オハイオ，ニューヨーク港鉄道海底トンネル，ポーツマス港周辺軌道移設，シカゴ地区鉄道平面交差立体化，ロス東地区鉄道平面交差立体化など）

② 環境と安全性に対する規制（regulation to reduce environmental and safety costs）
（都市部の混雑緩和と大気汚染対策としての都市公共交通機関への補助，従業員のカープール通勤，ＨＯＶ，ＩＴＳ〔高度自動車道路管理システム〕，カーシェアリング，パーク＆ライド，トラックの重大事故防止，国際規則改正SOLAS（海上人命安全）条約に対応した国際航海船舶と国際港湾施設の保安対策，船舶による汚染防止の国際条約MARPOLの遂行など）

③ 消費者の独占からの保護（protect consumers from monopoly power）
（トラックや倉庫，航空事業など各種規制緩和の推進）

④ 国際商業のコントロール（control international commerce）
（認証を迅速にするため電子タグを利用したコンテナ管理の改善，2006～2015年の米国籍船新運行補助制度（ＭＳＰ）など）

注1：（　）は，05年8月10日に公布された現行連邦SAFETEA-LU（05～09年陸上交通法）による物流財政補助プログラムを筆者が該当する各項目に振り分けたものである。
出所：The National Academy of Sciences (2003), *Freight Capacity for the 21st Century*, Transportation Research Board, Special Report 271, pp.5, 6.

「Freight Capacity for the 21st Century」における連邦政府の活動領域を示したものである[3]。4つの活動領域は，①インフラの供給と運営，②環境と安全性に対する規制，③消費者の独占からの保護，④国際商業のコントロールである。

　4つの領域の目標を達成する各施策（一部）は，連邦政府のSAFETEA-LU（2005～09年陸上交通法）による物流財政補助プログラムを該当する各項目に振

り分けたものである。インフラの供給ではインターモーダル物流施設，鉄道復旧改良財務援助など，環境と安全性においてはＨＯＶ，ＩＴＳ，パーク＆ライド，トラックの重大事故防止，国際航海船舶と国際港湾施設の保安対策など，消費者の独占からの保護ではトラック，倉庫，航空事業などの各種規制緩和の推進，国際商業のコントロールでは電子タグのコンテナ管理への導入，米国籍船新運行補助制度などが推進されている。なお表１－１のアメリカ政府の物流政策は内容的には貨物輸送を中心としたものであるが，貨物輸送を総合的に取り上げており，アメリカの物流政策に近いと判断し参考にした。

　これに対して日本の場合には，幸いにも平成不況の真っ只中，物流の空洞化が叫ばれた1997年に初めて政府の総合物流施策大綱が制定され，現在まで３回の改訂を数えている[4]。この総合物流施策大綱を日本政府の物流政策として捉えることができるが，こうしたケースは世界では稀である。

　表１－２は，2009～13年総合物流施策大綱を示したものである。日本の物流政策（09～13年総合物流施策大綱）は，①グローバル・サプライチェーンを支える効率的物流の実現，②環境負荷の少ない物流の実現，③安全・確実な物流の確保を目標として掲げている。日米の物流政策を比較した場合，領域と内容についてはほとんど差がみられないが，唯一日本で06年および08年省エネ法改正

表１－２　2009年総合物流施策大綱〈2009～13〉

①　グローバル・サプライチェーンを支える効率的物流の実現 　（アジアにおける広域的な物流環境の改善，効率的でシームレスな物流網の構築，貿易手続きや物流管理のＩＴ化と国際的情報連携の構築，セキュリティ確保と物流効率化の両立） ②　環境負荷の少ない物流の実現等 　（低炭素型物流の実現，カーボンフットプリント，効率的な静脈物流の構築） ③　安全・確実な物流の確保等 　（トラック輸送の安全対策，海上輸送路における安全輸送と海賊行為への適切な対応，食の安全に対応した流通システムの整備（コールドチェーンシステム），防災・減災，労働環境の改善）

の推進やグリーン物流パートナー会議の活用など物流に関する環境対策を積極的に謳っているのに対して，アメリカのそれは都市部の混雑緩和と大気汚染対策としての都市公共交通機関への補助，従業員のカープール通勤，ＨＯＶ，ＩＴＳ，カーシェアリング，パーク＆ライド，代替燃料の利用拡大など，物流というよりはより広い交通全般の環境対策が中心となっている。環境問題に対する両国政府のスタンスの違いが日米の企業物流改革にどのような影響を及ぼすか，興味深い。

3　日米の物流大賞の比較

(1)　日米の物流大賞一覧

　企業の物流改革は多くの分野で行われるが，それらは幾つかのカテゴリーに分類できる。企業は利潤を追求する組織であり，たとえばその１つの指標である「総資産利益率（ＲＯＡ）」を最大化する場合，純利益／総資産あるいは（売上高－経営原価）／総資産で示される企業の基本的な要求に基づいて物流改革を行い，分子の商品供給に関して顧客満足を充足し売上高を増大させるとともにトータルの物流コストを削減，分母の経営原価を低減することが求められるからである[5]。

　このように物流改革を企業の目的や経営戦略の観点から考えると，図１－４のように，企業の物流改革は売上高に影響を与える「①カスタマーサービスの向上（顧客満足の向上）」，経営原価の縮小に関係する「②輸送や保管費用などトータル物流コストの削減」，総資産のうち流動資産の縮減に影響を及ぼす「③原材料や商品在庫の棚卸資産の縮減」，そして総資産のうち長期的な固定資産の削減に関係してくる「④物流センターや倉庫などの縮減」に加え，重要な社会的要請である「⑤環境への取り組み（グリーン物流）」５つに分類することができる。

第1章　日米の物流大賞からみた物流改革最前線

図1－4　経営戦略からみた物流改革

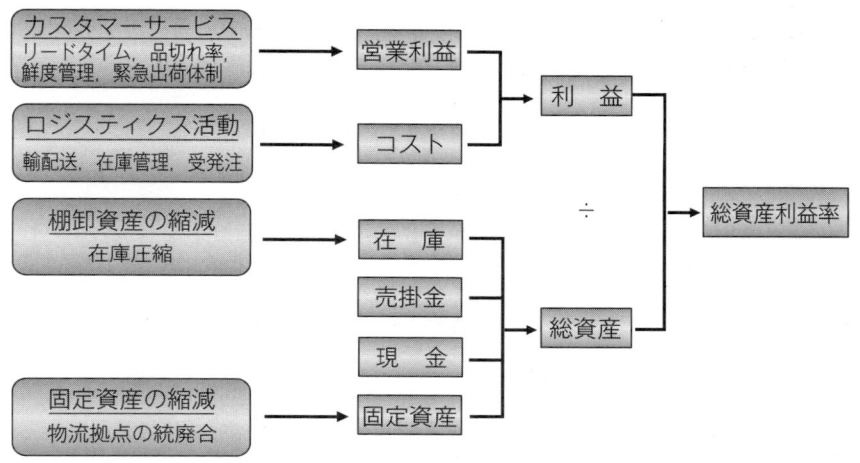

　表1－3は，2006〜09年のアメリカ物流大賞の受賞内容を示したものである[6]。アメリカの物流大賞を①〜⑤のカテゴリー別物流改革に振り分けると，「貨物運送費見積モジュールの構築（06年金賞）」と「荷主の輸送貨物と運送会社のトラックを連動させた Connected Capacity Portal の開発（07年銀賞）」，「新工場の建設とリーン・フレーム体制の構築（08年銀賞）」は「顧客満足の向上」と「トータル物流コストの削減」に該当し，「品目別物流システムの一元化（06年銀賞）」と「中国から婦人用履物を輸入する分散型物流システムから統合型への変更（07年銅賞）」，「会社の4部門の物流一元化（08年金賞）」は，「顧客満足の向上」と「トータル物流コストの削減」，「棚卸資産の縮減」に関係している。

　「ＤＣの新設による物流コストの削減と顧客サービスの改善（07年金賞）」と「物流の動態的入札イベントの導入」を実現した改革は「固定資産の縮減」，「顧客満足の向上」，「トータル物流コストの削減」に貢献，「荷主とトラック会社，ドライバーとの信頼関係の回復（06年銅賞）」は，とりわけ「顧客満足の向上」や「トータル物流コストの削減」をサポートしている。「ＧＨＧを50％削減するモーダルシフトの推進（07年佳作）」は，環境問題で後ろ向きと見られ

表1－3 アメリカの物流大賞一覧

年　度	社　　名	受　賞　内　容
2006年	金賞：American Identity 銀賞：Diageo 銅賞：Vulcan Threaded Products	●貨物運送費見積モジュールの構築 ●品目別物流システムの一元化 ●荷主とトラック会社，ドライバーとの信頼関係の回復
2007年	金賞：CDW Corp. 銀賞：Alcoa. 銅賞：Bakers 佳作：Interface	●DCの新設 ●荷主の貨物と運送会社のトラックをリンクしたConnected Capacity Portalの開発（ITを活用した求貨求車システム） ●輸入物流の分散型から統合モデルへの転換 ○GHGを削減するため鉄道へのモーダルシフトを推進
2008年	金賞：Ashland 銀賞：Harper Brush Works 銅賞：Sun Microsystems Inc.	●会社の4部門の物流一元化 ●新工場建設を機に，製造，保管，配送を徹底したリーン・フレームは体制を構築 ●物流の動態的入札イベント（DBE）の導入
2009年	金賞：Kimberly-clark 銀賞：Papa John's International Inc. 銅賞：New Egg.com	●RFIDとウェブベースによるトレーラー管理へ転換 ●輸送過程の自動化と積み荷の見える化 ●注文商品ピックアップの合理化

注1：○はグリーン物流の改革，●はグリーン物流以外の改革を示している。
出所：受賞事例については Logistics Management Com., Best Practices "AND THE WINNERS ARE…", Logistics Management, Jun, 2006, 2007, 2008, 2009を参照。

がちなアメリカにとっても緊急の課題であり，それぞれ明確な経営上の狙いを持っている。

　表1－4は，日本ロジスティクスシステム協会の物流大賞（05～07年）の受賞内容を示したものである[7]。日本の物流大賞についてもカテゴリー別物流改革に振り分けると，「出荷貨物を輸送途中の配達店で統合するMerge in Transitプログラムの導入（05年大賞）」は，顧客満足の向上やトータル物流コストの削減，固定資産の縮減を目的とした改革であり，「12フィートコンテナの導入と高速船，鉄道による北東アジア物流の推進（05年奨励賞）」は，急増し

第1章　日米の物流大賞からみた物流改革最前線

表1－4　日本の物流大賞一覧

年　度	社　　　名	受　賞　内　容
2005年	大　賞：日本ヒューレット・パッカード 奨励賞：日本通運 技術賞：菱食	●出荷貨物を輸送途中の配達店で統合するMerge in Transitプログラムの導入 ○12フィートコンテナの導入と高速船，鉄道による北東アジア物流の推進 ●増大する個人宅配に対応した物流システムの整備
2006年	大　賞：国分 奨励賞：日本板硝子 技術賞：新英産業	○ＩＴトラックを活用したＣＯ$_2$削減の数値的把握 ●配送状況可視化によるＣＳ向上のためのシステム導入 ○段ボール箱の国際リターナブル
2007年	大　賞：ファミリーマート 技術賞：富士ゼロックス 環境賞：トランザップジャパン 努力賞：ノーリツ	●Demand Chain Managementとマトリックス物流をベースとした共販による店舗商品供給の最適化 ○リターナブル包装箱の開発と循環型デリバリーシステムの構築 ○海運へのモーダルシフトの推進 ●仕入れから販売に至る部門間のタイミング調整による業務の効率化とコストダウン
2008年	努力賞：デンソー 努力賞：花王 環境賞：リコーロジスティクス	○国際リターナブル箱の標準化と統一的管理 ●配送業務のシステム化と見える化 ○リサイクル事業の高度化

注1：○はグリーン物流の改革　●グリーン物流以外の改革
出所：社団法人日本ロジスティクスシステム協会，「LOGISTICS SYSTEMS」，Vol.15，16，17，18の各新年号におけるロジスティクス大賞の内容を踏まえタイトルをネーミング。

ている日中間の物流のリードタイムを短縮するだけでなく，環境に優しい国際物流を実現する施策である。また「増大する個人宅配に対応した物流システムの整備（05年技術賞）」も時代に即した改善であり，顧客満足の向上やトータル物流コストの削減，棚卸資産の縮減に貢献する。

「ＩＴトラックを活用したＣＯ$_2$削減の数値的把握（06年大賞）」は，2008～2012年に京都議定書における日本の目標達成を支援する試みであり，「配送状

況の可視化によるＣＳ向上のためのシステム導入（06年奨励賞）」は「顧客満足の展開」と「トータル物流コストの削減」を目的とした改革である。そして「包装資材のリターナブル（06年技術賞）」は重要な「グリーン物流」であり，「トータル物流コストの削減」に貢献している。Demand Chain Managementとマトリックス物流をベースとした１日４便の共販による店舗商品供給の最適化（07年大賞）」は，ＤＣＭとマトリックス物流，低温・冷凍・常温商品の共販３つをキーワードに顧客満足の向上とトータル物流コストの削減に取り組んだ改革であり，「リターナブル包装箱の開発と循環型デリバリーシステムの構築（07年技術賞）」と「海運へのモーダルシフトの推進（07年環境賞）」はタイムリーな静脈物流と環境の施策である。そして「仕入れから販売に至る部門間のタイミング調整による業務の効率化とコストダウン（07年努力賞）」は，最新のＳＣＭ理論が狙いとするニッチを埋め，顧客満足の向上とトータル物流コストの削減，棚卸資産の縮減を図る改革である。

(2) 日米の物流改革の比較分析

　物流大賞に日米間でどのような違いがあるのだろうか。まず第一の相違点は，08年銅賞をとった Sun Microsystems Inc の「物流の動態的入札イベントの導入」である。これは，入札は通常１回が一般的であるが，物流の契約金額を適切な水準に引き下げるため，自社の入札順位がわかるように複数回入札を繰り返す契約手法で，これは例外的で日米両国の商慣習の違いからくる相違点といえよう。

　２つ目の相違点は，グリーン物流の大小において顕著な差がある。表の〇はグリーン物流の改革，●はグリーン物流以外の改革である。日本が全体の半数強のグリーン物流に対して，アメリカはわずか１つである。アメリカの物流大賞の中で唯一グリーン物流が受賞した事例は，2007年佳作に入選したInterface社である。本社はジョージア州アトランタ，モジュールカーペットや広幅じゅうたんなどを製造販売する会社で，2006年の営業収入は11億ドル。

　1994年 Interface 社のＣＥＯレイアンダーソン氏は，著者パウエル・ホウケ

ンの「商業の生態学」に感銘を受け，2020年までに環境に優しい組織を作り出す使命感を抱いた。以来，Interface社は製造工程において３億6,600万ドルを拠出し，ＧＨＧ（温室効果ガス）の排出を60％削減する経営努力を行ってきた。彼の目標はその後物流に向けられ，ＳＣＭにおける原材料輸送，工場内移動，製品輸送において，次の13年間ＧＨＧを50％削減する施策を決定した。同社の製品輸送を25％鉄道で行った場合，ミッションゼロ（CO_2排出量を削減する使命）の目標が実現する。価格だけを基準とした輸送手段の選択はもはや受け入れられない時代になっているのである。受賞理由は，ＧＨＧを削減するため製品輸送を25％鉄道で行うモーダルシフトを推進したところにあったが，これはアメリカ政府の環境政策の推進に起因するというよりは，環境問題の重要性を認識した特定企業の経営者個人の考え方に依存する部分が大きいと考える。

　これに対して日本は「12フィートコンテナの導入と高速船，鉄道による北東アジア物流の推進（05年奨励賞）」，「ＩＴトラックを活用したCO_2削減の数値的把握（06年大賞）」，「段ボール箱のリターナブル（06年技術賞）」，「リターナブル包装箱の開発と循環型デリバリーシステムの構築（07年技術賞）」，「海運へのモーダルシフトの推進（07年環境賞）」，「国際リターナブル箱の標準化と統一的管理（08年努力賞）」，「リサイクル事業の高度化（08年環境賞）」と４年間で13分の７がグリーン物流の施策が賞を受賞している。なぜこのような違いが出てくるのだろうか。

　日本は，2008～12年に1990年比６％のCO_2削減を公約した京都議定書を受け，2006年と08年の改正省エネ法，具体的には原油換算で年1,500kl以上のエネルギーを使用する荷主，物流業者はCO_2年１％削減の計画と実行，報告が義務化されるとともに，顕著なグリーン物流の改善に対して政府の補助金を出すグリーン物流パートナー会議の活用が日本の物流大賞の内容に大きな影響を及ぼしていると考える[8]。環境の専門家がいない企業にとって年１％のCO_2を削減するプランの作成と実行，報告書の提出は大変困難な作業であり，この一環として先の補助金を獲得し前向きにグリーン物流推進事業に取り組む企業が増加しているのである。ちなみに2006年改正省エネ法以前のグリーン物流の

ロジスティクス大賞は，2000年以降では03年1件，05年に1件あるに過ぎず，この視点を裏付けている。

　周知のように，京都議定書の厳守に向けて日本は，06年と08年の改正省エネ法によって原油換算で年1,500kℓ以上のエネルギーを使用する荷主，物流業者はCO_2削減の計画と実行，報告を義務化した。グリーン物流パートナーシップの支援事業に加え，改正省エネ法への本格的な取り組みが日本の物流大賞に現われてきていると考えられる[7]。

　アメリカはポスト京都に対しては比較的前向きであるが，2006年現在56億8,400万トンのCO_2を排出し世界の20.3%を占めているにもかかわらず，京都議定書非加盟である。アメリカの部門別CO_2排出量は，図1－5で明らかなように産業，交通，商業，家庭，農業の順で多く，交通部門の割合は日本の19.1%に対してアメリカ28%。内訳は乗用車・バス34%，軽トラック（ＳＵＶ，ミニバンを含む）28%，大型トラック19%，航空機9%となっている（図1－6参照）。部門別では1990～2004年で最も増加したのが交通部門であり，増加率は大型トラック62%，乗用車・軽トラック23%，航空機10%の順で高くなっている。地球温暖化に対する物流部門の責任は決して小さくない。

　かつてのアメリカ連邦政府はCO_2対策に対して懐疑的であり，積極的に取り組んできたとはいえない。連邦交通省は自動車の低炭素化を，①自動車単体

図1－5　アメリカの部門別CO_2排出量

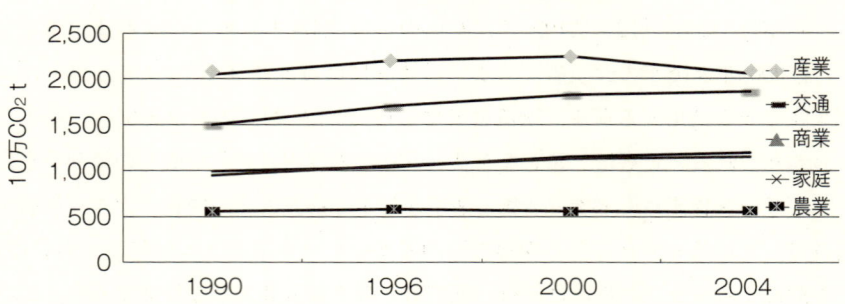

出所：John Davies, Michael Grant, John Venezia, and Joseph Aamidor (2007), "Greenhouse Gas Emissions of the U.S.Transportation Sector", *Transportation Research Record*, No.2017, p.42

第1章　日米の物流大賞からみた物流改革最前線

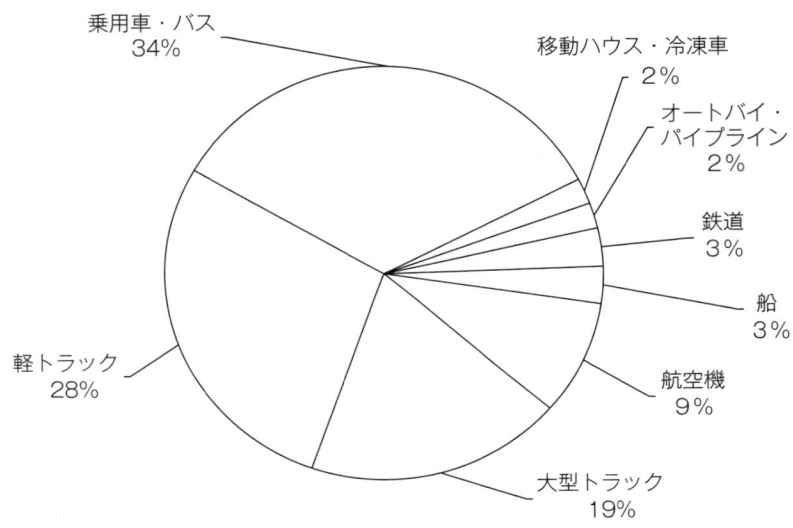

図1－6　アメリカの交通段別GHG排出量の割合（2004年）

出所：John Davies, Michael Grant, John Venezia, and Joseph Aamidor
（2007），"Greenhouse Gas Emissions of the U.S.Transportation Sector",
Transportation Research Record, No.2017, p.42.

の効率性の改善，②ガソリン＋エタノール10％のようにバイオ燃料の利用，③車利用の減少3つの基本政策を中心に進めていた[9]。物流の環境対策についてもほぼ同様であり，①トラックの効率性の改善と②物流の効率化，2つを中心に取り組んでいる。

まずトラックの効率性の改善においては，車両の排出規制基準の強化や車両の大型化などを推進している。連邦レベルで最大のトラックは5軸8.53メートルの2両のツイン（ダブル）セミトレーラーであり，その他州によっては最大9軸14.63メートル2両ターンパイク・ダブル・セミトレーラーがある。トラックの大型化によって輸送効率を高める手法はいわば米国のシンボルであり，トラックの排出規制基準も日本と比べ，CO_1を除きNO_x，NMHC（非メタン炭化水素）ともアメリカの排出基準の方が厳しくなっている。トラックのCNG（天然ガス）車の普及は日本が08年3月現在15,387台に対して，アメリカ

も約1万5千台と決して劣っていない。

　いま1つ忘れてならないのがＳＣＭである。1990年代から2000年代にかけてアメリカ産業界はＳＣＭを推進することで競争力を強化した。この旗振り役が３ＰＬであり，たとえば従来協力トラック会社のドライバーに任せていたルート設定を過去のデータとトラックに搭載したＧＰＳを使ってリアルタイムに伝え，リードタイムを大幅に短縮するなど生産効率を高めている。運転手は安全性，集配時間の遵守度，通信衛星追跡能力，ＥＤＩ能力，クレーム処理が評価され，このＩＴソリューションが物流の大幅な生産性向上の原動力となり，環境面にも貢献しているのである。いわゆるグリーンＩＴである。

　アメリカの場合直接的なグリーン物流施策はほとんど行っていないが，「ＩＴを活用した求貨求車システム」や「輸入物流の統合型モデルへの転換による輸送回数の削減」，「会社4部門の物流一元化によるトラック台数の削減」，「ＤＣを西海岸に新設することによる輸送距離の大幅な減少」など物流効率化によって，結果的に環境対策を推進する施策は行っている。この点では，物流改革に関して日本が一段と"社会オリエンティッド"の色彩を強めているのに対して，アメリカは依然として"企業オリエンティッド"に限定しているところに，両国間の顕著な相違点があると総括することができる。

4　アメリカにおける物流の環境対策の将来

　オバマ大統領が1,160億ドルからなるグリーン・ニューディール政策を打ち出した。内訳は断熱材や二重窓を設置した省エネビル化，次世代送電網（スマートグリッド）の推進，風力や太陽光発電などクリーンエネルギーの利用，自動車の温暖化ガス排出規制の強化，高速鉄道の促進などであるが，物流に関する新機軸は現われていない[10]。

　アメリカの産業界ではすでに2007年1月下旬，本研究でも取り上げたアルコア（アルミ）とＧＥ，デュポン，ＢＰアメリカ（石油），リーマン・ブラザーズ（金融08年9月破綻）など大手企業10社と世界資源研究所などＮＰＯ4団体がア

図1-7 オバマ政権のグリーン・ニューディールの構成

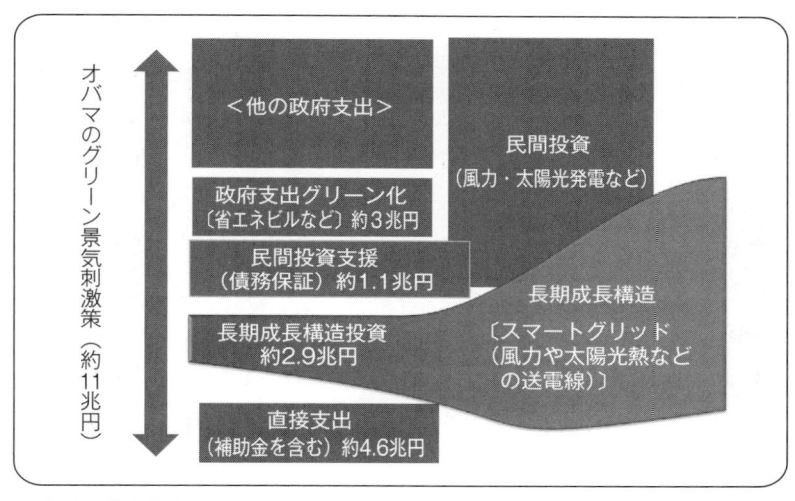

出所：筆者作成。

メリカ気候行動連盟を立ち上げ，温室効果ガスを今後10年間で最大10％削減するため，排出量取引の導入を求めた[11]。またCSCMPのジャーナル "Supply Chain Quarterly 09年" では，2011年から国際規格として制定される予定であるカーボンフットプリント（CFP）を取り上げ，CFPがエネルギーの節約とコスト削減に貢献する一方，各サプライチェーンでどれだけのCO_2を排出するか統一基準で示すことは簡単ではないことを強調している[12]。CFPは今までのように社会的責任からではなく，それが企業の直接的なコスト削減に結びつくだけに，物流における環境対策として今後有効な手立てになる可能性を秘めている。

5 おわりに

2005年時点で対ＧＤＰ物流コストの比率は日本8.4％に対してアメリカ9.5％である[13]。物流先進国として位置づけられる日米両国の物流はどのような改革

を行っているかを端緒にスタートした研究が，相違点を明確にする過程で環境問題に直面した。アメリカは物流の効率化によって間接的にグリーン物流を推進しているが，日本企業のようにエネルギー使用量やCO_2削減を数量的に把握する試みは行っていない。そうした行動をとる動機付けがないからである。

　アメリカにおいても環境問題が国民や企業，政府の関心を集め，カーボンフットプリントや排出量取引，マテリアルフローコスト会計（MFCA）[14]，あるいはその他アメリカ版カーボンオフセットなどが本格的に動き始めるようになったとき，アメリカの企業においても日本と同様直接的なグリーン物流の施策が前面に出てこよう。

　日本は，今後物流業界でどれだけのCO_2削減を担い，そのためにどういう方法で達成するか，エコイノベーションの手法の開発が求められている。

（注）
1) Logistics Management Com., Best Practices 2008 "AND THE WINNERS ARE …", Logistics Management, Jun 2008, pp. 2-30.
2) SCMについては多様な定義の仕方があるが，コアは「ＩＴを通じた財と情報のフロー」と「調達から回収に至る供給連鎖と関係企業の統合」2つである。
　　James Wang, Daniel Olivier, Theo Notteboom, Brian Slack (2007), *Ports, Cities, and Global Supply Chains*, Ashgate Publishing Limited, pp. 11-17.
3) The National Academy of Sciences, Freight Capacity for the 21st Century, Transportation Research Board, Special Report 271, 2003, p. 5.
4) 総合物流施策大綱（09～13年）については，次の文献を参照。
　　日本物流団体連合会「数字でみる物流2011年版」，日本物流団体連合会，2011年，pp. 199-211.
5) 物流改革の経営的意義に関する基本的な考え方については，次の文献を参照した。
　　重田靖男「提案営業の背景」，流通設計21, 8, 輸送経済社，2004年, p. 67.
6) 受賞事例については，Logistics Management Com., Best Practices "AND THE WINNERS ARE…", Logistics Management, Jun, 2006, 2007, 2008, 2009を参照。
7) 日本の物流大賞（ロジスティクス大賞）は，社団法人日本ロジスティクスシステム協会が物流の分野で毎年優れた改革の実績をあげた企業を表彰するものであり，1984年より導入され，12年で30回目を迎えている。日本の物流大賞については，次の本を参照した。
　　日本ロジスティクスシステム協会，「Logistics Systems」1，2月号，2006, 07,

08，09年，10年。
8） 改正省エネ法（06年4月）の施行に対して，企業側の対応は特に1,032社が加盟する日本ロジスティクスシステム協会の中にロジスティクス環境会議を立ち上げ，CO_2削減に関する研究を行うとともに，積極的な啓蒙普及活動を行っている。
　　日本ロジスティクスシステム協会「ロジスティクス環境会議」第1期活動報告書（05年4月〜06年3月），第2期活動報告書（06年8月〜08年3月）。
9） 交通全体の対策としては，①効率的な自動車の開発，②代替燃料の利用，③革新的な交通フローの改善（混雑の緩和，エコドライブ），④ＴＤＭ，⑤モーダルシフト，⑥イノベイティブな土地利用形態（コンパクトシティ）などが考えられる。
　　Matthew Barth and Kanok Boriboonsomsin (2008), Real World Carbon Dioxide Impacts of Traffic Congestion, *Transportation Research Record*, No. 2058, Environment and Energy 2008, p. 163参照。
10） 温暖化対策に背を向けてきたアメリカ連邦政府に対して，一部の地方政府は比較的前向きに取り組んできた。たとえば，2006年8月末にカリフォルニア州は温室効果ガスの排出量を20年までに1990年レベル（現在よりも25％削減）に引き下げ，50年に1990年比80％減を目指す温暖化対策法を決定した。ニューヨーク州やメーン州など東部7州も，域内から発電所から排出されるCO_2の排出量を2018年までに現行水準よりも10％削減することを決定した。
11） 三橋規宏（2007），「環境経済入門」，日経文庫，日本経済新聞社，pp. 61-64参照。
12） Council of Supply Chain Management Professionals (2009), *Supply Chain Quarterly*, June 23.
13） 日本ロジスティクスシステム協会（2008），2007年度物流コスト調査報告書，p. 10を参照。
14） マテリアルフローコスト会計とは，生産に伴って発生する余剰マテリアルの削減，電力料や加工費などシステムコストの削減，廃棄物処理コストの削減を推進し，環境負荷の低減と原価低減を同時に実現する手法であり，日本主導で2011年の国際規格制定に向けて取り組みが行われている。

〔参考文献〕
1．芦田誠・ホンジンウォン（2001），「トラック運送会社の環境問題への取り組みと評価－日米韓を中心として－」，『交通学研究2000年研究年報』，通巻44号，pp. 195-203.
2．U. S. Department of Commerce (2007), *Statistical Abstract of the United States 2008*, National Technical Information Service, pp. 659-693.
3．John Davies, Michael Grant, John Venezia, and Joseph Aamidor (2007), "Greenhouse Gas Emissions of the U.S.Transportation Sector", *Transportation Research Record*, No. 2017, pp. 41-46.
4．Matthew Barth and Kanok Boriboonsomsin (2008), "Real World Carbon Dioxide Impacts of Traffic Congestion", *Transportation Research Record*,

No. 2058, pp. 163 – 171.
5. Adam Millard-Ball (2008), "Municipal Mobility Manager-New Transportation Funding Stream from Carbon Trading?", *Transportation Research Record*, No. 2079, pp. 53 – 61.
6. Kee-hung Lai and T.C.E Cheng (2009), *Just-in-Time Logistics*, Gower Publishing Limited.
7. Lee Schipper (2009), "Moving Forward With Fuel Economy Standards," *ACCESS*, No. 34, pp. 11 – 19.
8. Logistics Management, (2006), "Best Practices 2006 AND THE WINNERS ARE…", *Logistics Management*, June, pp. 1 – 40.
9. 三橋規宏(2007), 「環境経済入門」, 日経文庫, 日本経済新聞社。
10. The National Academy of Sciences (2003), *Freight Capacity for the 21st Century*, Transportation Research Board, Special Report 271.
11. 日本ロジスティクスシステム協会(2009), 「2008年度ロジスティクス大賞」, 『LOGISTICS SYSTEMS』, Vol. 18, pp. 15 – 45.
　　日本ロジスティクスシステム協会(2006, 08), 『第2期　ロジスティクス環境会議』, 活動報告, 日本ロジスティクスシステム協会。
12. UC Berkeley>Energy@Berkeley (2008) "Securing our Energy Future" http://energy.berkeley.edu/.
13. James Wang, Daniel Olivier, Theo Notteboom, Brian Slack (2007), *Ports, Cities, and Global Supply Chains*, Ashgate Publishing Limited.
14. Peter R. Chase, "Beyond CRM : The Critical Path to Successful Demand Chain Management", DCM Solutions Ins., 2000, p. 3.
15. 芦田誠「アメリカの物流改革最前線」, 『Logistics Systems 6・7月号』, Vol. 17, 日本ロジスティクスシステム協会, 2008年。

第2章 アメリカの物流改革

1 はじめに

　物流が生産，販売に続く第3の利潤源として注目を集めている。今まであまり注目されてこなかった裏方の"物流"にスポットをあて，改革を行うことによって顧客満足を充足し売上高を増大させる一方，トータルの物流コストを削減，経営原価を低減することができるからである。

　かく「物流研究」は大別して理論，政策，物流改革3分野に分けられると考える。そしてこれら3者の関係は，「最新の物流理論」と「当該政府の物流政策」によって企業の物流改革が影響を受け，両者のインタラクションの結果現われてくると考える。すなわち物流理論は，代表的には製販を統合し情報を共有することによって在庫縮小とリードタイムの短縮，物流サービスの向上をめざすサプライチェーン・マネジメントや川下から川上に販売情報をリアルタイムで伝え配送，製品開発にリンクさせていくディマンドチェーン・マネジメントなどの理論[1]，日本政府の物流政策（09～13年総合物流施策大綱）は①グローバル・サプライチェーンを支える効率的物流の実現，②環境負荷の少ない物流の実現，③安全・確実な物流の確保を目標とした施策，そして第一線の企業の物流改革はこれら両者の影響を受け，現れると捉えるのである[2]。このうち，最も困難を極めるのが後者の物流改革の解明である。物流改革が実践的で時代と共に変化し，統一的かつ客観的に捉えるのが難しいからである。

　本章の目的は，2006年以降のアメリカ物流大賞を取り上げ物流改革の内容を把握するとともに，なぜ賞に選ばれたかその理由を考える。物流改革が成功する条件とは何か。物流改革に取り組む上で，アメリカの物流改革の事例が参考

になれば幸いである。

2　アメリカの物流大賞

アメリカ Logistics Management 社の「And The Winners are… Best Practices」、いわゆる物流大賞を手掛かりにアメリカでどのような物流改革が行われているかみてみよう。Logistics Management社は、物流に関係する荷主や物流会社、大学、パーソンが購入する月刊誌「Logistics Management」を発行する会社であり、Best Practicesは25年間にわたる各部門の賞を2004年に統一化したものである。審査の評価基準は「革新に対する優れた技能」、「創造性」、「既存の物流プロセスを再評価し将来のリエンジニアリングに役立つ思考」などが示すように、受賞企業は既存のビジネスプロセスを改革し、最も優れたロジスティクス活動を実現した、まさしくベスト・プラクティス（最高の経営実践）の企業と言える[3]。

(1) 物流大賞受賞事例

表2－1は、2006～08年の物流大賞（金賞）受賞会社一覧を示したものである。各年度の事例は次の通りである[4]。

表2－1　2006～08年アメリカ物流大賞受賞会社概要（一部）

年　　度	2006年	2007年	2008年
社　　　名	American Identity	CDW Corp.	Ashland
本社の場所	カンサス州 Overland Park	イリノイ州 Vernon Hill	ケンタッキー州 Covington
代表的な製品	帽子やジャケット、作業服などアパレル商品の販売	マルチブランドの情報技術商品の販売	多種多様な製品を製造する世界的化学会社
営　業　収　入	1億8,500万ドル	680億ドル	78億ドル
従　業　員　数	約1,000人	約5,000人	

第２章　アメリカの物流改革

| 受賞理由 | ７万品目の貨物運費見積モジュールを構築することによって，輸送に関連する不満を約92％解消，顧客と同社の付帯的な輸送料金を削減した。 | シカゴに加え，荷主の２割が集中する西海岸にＤＣを新設することによって，輸送費を削減しリードタイムを短縮した。 | ４部門の輸送体制を会社全体の輸送業務に統合することによって，輸送コストを５％カット，運送業者数を44％削減，オンタイム・サービスを98.5％に増加させた。 |

出所：ロジスティクス・マネジメント社の2006－09年物流大賞の内容に基づいて筆者作成。

2006年〈Gold Award（金賞）〉：社名　American Identity

図２－１　ＡＩ社の物流改革

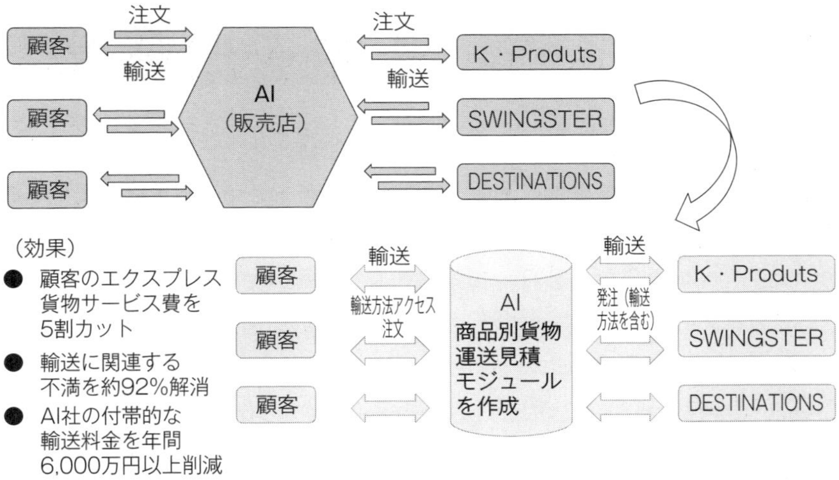

（効果）
● 顧客のエクスプレス貨物サービス費を５割カット
● 輸送に関連する不満を約92％解消
● ＡＩ社の付帯的な輸送料金を年間6,000万円以上削減

　アパレル商品が売り手から顧客へ直接輸送されているが，そうした輸送費を販売会社であるAmerican Identityはほとんど把握しておらず，貨物費用に関して過大負担の感情を抱くクライアントの疑問が従来から一貫して存在していた。そこでＡＩ社は，取扱商品約70,000品目の重量と容積をすべて個別に計量し，包装の有無別，小包輸送からトラックの貸切輸送別に，顧客が予め最適な

25

輸送方法を選択することができる独自の貨物運送費見積モジュール（proprietary freight-quoting module）を構築した。これによって顧客のエクスプレス輸送費を5割カット，輸送に関連する不満を約92％解消するとともに，同社の付帯的な輸送料金を年間6,000万円以上削減することを可能にした。

> 2007年〈Gold Award（金賞）〉：社名　CDW Corp.

図2-2　COW Corp. 社の物流改革

　イリノイ州Vernon Hillの物流センター（450,000 f 2）が混雑し，身動きが取れずケガが発生する事態に及び，顧客の20％がトラック輸送で丸2日を要するカリフォルニア州であることに注目し，西海岸の原野ネバダ州北ラスベガスに96,000個の貨物をさばく高規格のＤＣ（513,000 f 2）を計画，建設した。これによって高速の発注処理，リードタイムの短縮，エクスプレス輸送費の40％カット等，大幅な顧客サービスの改善と大きな利益を実現した。Space Crunch（空間の危機）から学び，Go Greenfield（原野へ行く）を実践することによってベネフィットを実現したのである。成功の秘訣はＤＣの場所選定に関する着眼点と，ベストサービスを提供していたUPS，FedEx，ＤＨＬのコア運送業者に加え，メーカー，購買者と迅速に協議した進め方にあった。

第2章　アメリカの物流改革

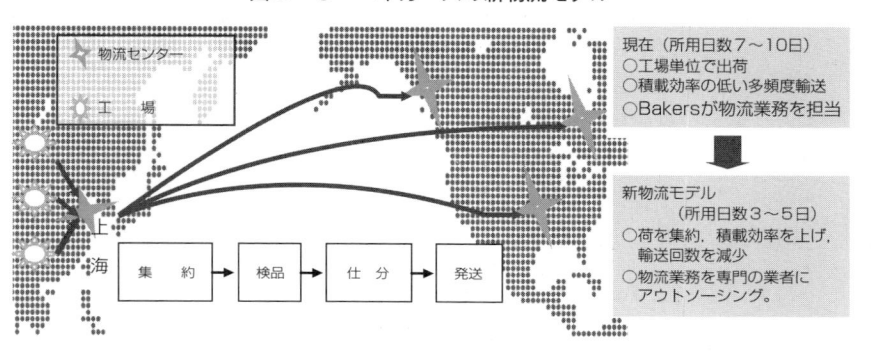

図2－3　ベイカーズの新物流モデル

現在（所用日数7～10日）
○工場単位で出荷
○積載効率の低い多頻度輸送
○Bakersが物流業務を担当

新物流モデル
（所用日数3～5日）
○荷を集約、積載効率を上げ、輸送回数を減少
○物流業務を専門の業者にアウトソーシング。

　2007年については銅賞「Bakers」の物流改革も，グローバルロジスティクスの国際物流に関係しており興味深い。Bakersは，中国の20～40の供給者から7～10日かけアメリカの200店舗のストアへ商品を提供しているが，売れ筋が激しく入れ替わる業界にあってさらに物流コストを削減し短納期を実現することが求められていた。当時の輸送状況は，アメリカの買手がセットした店着日に合わせてBakersが航空便を手配していたが，中国の工場単位でバラバラに輸送していたため，コンテナの半分にも満たない利用率に加え，週数回輸送するケースが多くなっていた。そこで，買手が必要とする週に合わせて店着日を決め輸送日をまとめるとともに，商品を中国の物流センター1箇所に集約し，荷札付け，バーコード検品，発送作業を貨物フォワダー"Transmodal Associates"に委託した。年間200万点を中国から輸入していたBakersにとって，検品の生産性は1時間当たり65～70から100箱へ向上し，25％の労働コストの削減を導くとともに，所要日数は7～10日から3～5日へ40％の短納期を達成，15％の輸送費と30％の保管コストをカット，貨物追跡調査の可視化の向上をもたらしたのである[5]。

> 2007年〈Honorable Mention（佳作）〉：社名　Interface.
>
> 本社：ジョージア州Atlanta。製品：モジュールカーペット，広幅じゅうたん，布張織物の製造販売。営業収入：11億ドル（06年）。
> 〈受賞理由〉：ＧＨＧを削減するため，製品輸送を25％鉄道で行うモーダルシフトの推進。

　アメリカで唯一のグリーン物流施策は，Interface社の「ＧＨＧを削減するため鉄道へのモーダルシフトの推進（07年佳作）」である[6]。1994年Interface社のＣＥＯ　レイアンダーソン氏は，著者パウエル・ホウケンの「商業の生態学」に感銘を受け，2020年までに環境に優しい組織を作り出す使命感を抱いた。以来，Interface社は製造工程において３億6,600万ドルを拠出し，ＧＨＧ（温室効果ガス）の排出を60％削減する経営努力を行ってきた。彼の目標はその後物流に向けられ，ＳＣＭにおける原材料輸送，工場内移動，製品輸送において，次の13年間ＧＨＧを50％削減する施策を決定した。同社の製品輸送を25％鉄道で行った場合，ミッションゼロ（CO_2排出量を削減する使命）の目標が実現する。価格だけを基準とした輸送手段の選択はもはや受け入れられない時代になっているのである[7]。

> 2008年〈Gold Award（金賞）〉：社名　Ashland

　Fortune 500社には，Ashland社のよく知られた部門（Ashland Performance Materials, Ashland Distribution, Ashland Water Technologies, Valvoline）が含まれている。各々の部門は自身のプログラムを持ち，独自の輸送需要に応じて開発されたものであり，その全体の配送（ＴＬ）コストは年間4,500万ドルに達していた。

　2006年の秋に，仕入れ担当副社長のElizabeth Pottsは，会社の全部門の仕入れ，オペレーション，ロジスティクスのメンバーを含む戦略的ソーシング・

第2章　アメリカの物流改革

チームの編成を提案した。その目標は，Ashlandが購入した全ての輸送を理解し，そして輸送がもたらす価値を改善することにあった。編成チームによって確立された輸送プログラムの統一化は，もっぱら会社全体にとって何がベストなのかに関して意志決定するのに役だった。必要な輸送ニーズが発生すれば，drop trailers，危険なニーズ，積み込み時間，配達時間，他の要求の情報をきちっと運送業者に伝え，実際のオペレーションの運行業者を入札で確保，優れた成果を生み出したキャリアには報酬を与えた。結果として，そのプログラムはコア運送業者を44％削減するのに貢献するとともに，Ashland社のＴＬの輸送コストを5％削減，オンタイムサービスを98.5％に増加させた。

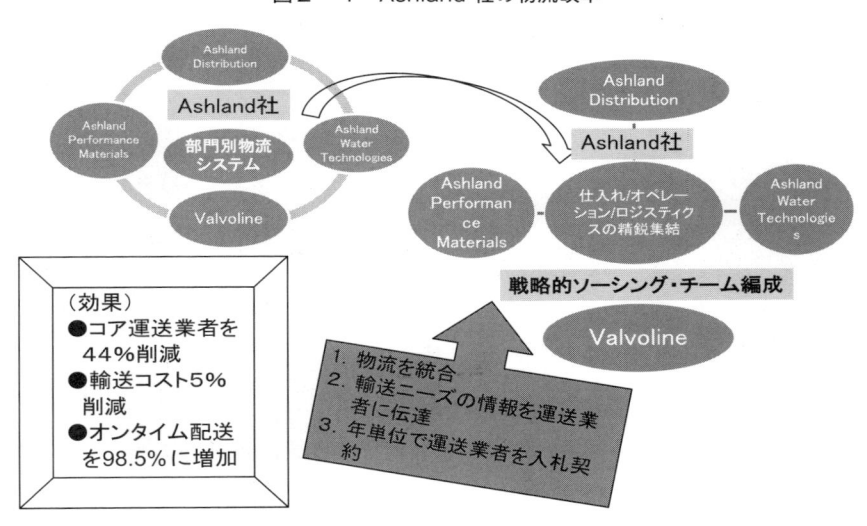

図2－4　Ashland社の物流改革

Ashland社の新プログラムでは全てのキャリアと年間ベースで契約し，毎年入札プロセスを行うとともに，チームはシステム外のキャリアと同様に，コアキャリアを注視した。外に眼を向ける目的は，現行料金は妥当なのか？我々はさらにチェンジしなければならないのか発見するためであった。プログラムは，ＴＬグループのキャリアに責任感を持たせ，サービスレベルを引き上げる効果も有していた。Ashland社の改革は，追加的なＩＴを購入することなく，我々

29

が有する資源によってすべて成し遂げたものであった。

> ○〈Silver Award（銀賞）〉：社名　Harper Brush Works
>
> 本社：アイオワ州Fairfield。製品：従業員数：250人。
> 〈受賞理由〉：効率の悪い狭い工場がホウキとブラシメーカーをカリフォルニア州ストックトンの新工場建設に推し進めると同時に，製造，保管，配送において徹底したリーン・フレーム体制を構築することによって，生産フロアのボトルネックの解消，受注の正確性の向上，そして輸送コストの削減と運転手の待ち時間の短縮を実現した。

図2－5　Harper Brush Works の物流改革

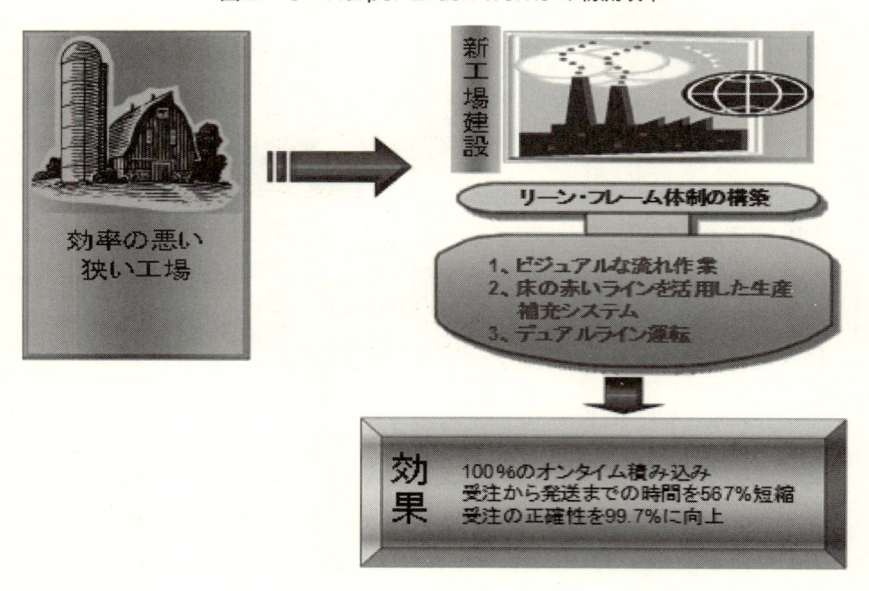

効率の悪い狭い工場 → 新工場建設

リーン・フレーム体制の構築
1．ビジュアルな流れ作業
2．床の赤いラインを活用した生産補充システム
3．デュアルライン運転

効果
100％のオンタイム積み込み
受注から発送までの時間を56.7％短縮
受注の正確性を99.7％に向上

第2章　アメリカの物流改革

　ホウキとブラシメーカーの重要なビジネス成長が工場の深刻な空間不足を招いた。狭苦しい屋内と工場のプアなレイアウトのために，製造，保管，配送時に使用されるパレットの動きが極端に多くなっていた。このことが，生産ラインと部品を待ち続ける従業員の作業休止時間という結果になるに及び，Harper Brushのストックトン新工場建設となった。

　この新工場建設を機にハーパーブラッシュは，ビジュアルなスケジュール・メソッドを導入した。このシステムは，到着した部品を建物の片方に持ち，原材料は使用する地点で保管，製造された製品を配送レーンに移動し，建物のいま一方の外へ送り出した。配送ドックではトラックがドックに止まった時，実行レーンから完成品がトラックに積み込まれる。ビジュアルなスケジュール・メソッドをもつ5つのラインは，2007年に完成品の在庫を最大10日に抑えるとともに，100％のオンタイム積み込みを達成した

　いま1つの改善は，単純な赤いラインを回転する補充プロセスである。実行レーンの端から途中までバックする床に赤いラインがペイントされ，パレットが動き出してトラックに積み込まれ，赤いラインが露出するようになると，生産ラインがそのレーンを満たすために生産に取りかかった。赤いラインから実行ラインの端までの距離は2日間の生産日を示しており，それが経済的注文ラン（時間）であった。

　最後の新しい取り組みが，異なるオーダーメイドに応じてパラレルな生産ラインに原料を送り込むdual line運転であり，この方式によって注文を受け取ってから輸送するまでのオーダーサイクル時間を567％短縮するとともに，受注の正確性を98.4％から99.7％に改善した[8]。

　2008年については，銅賞「Sun Microsystems Inc.」で日米の物流改革の顕著な相違点が現れている。どういう違いか理解するため，物流改革の流れをみておこう。

> 2008年〈Bronz Award（銅賞）：社名　Sun Microsystems Inc.
>
> 本社：カリフォルニア州　Santa Clara。製品：Open Solaris，Java，Sun Fire，MySQL，UltraSPARC　従業員数：33,350人。売上高：139億ドル。
>
> 〈受賞理由〉：原材料や部品の調達について利用している伝統的なベスト・イン・クラスeソーシングプログラムを物流に適用し，輸送に関する資格要件を明示した上で，ビジネスに勝つために料金を適宜調整する機会を与え，物流の動態的入札イベント（DBE）を導入した。このDBEによって競争的な料金，ある場合には料金の引き下げを示すとともに，すべての情報交換がオンラインできる情報の透明性を高めた。

図2－6　Sun Microsystems Inc. の物流改革

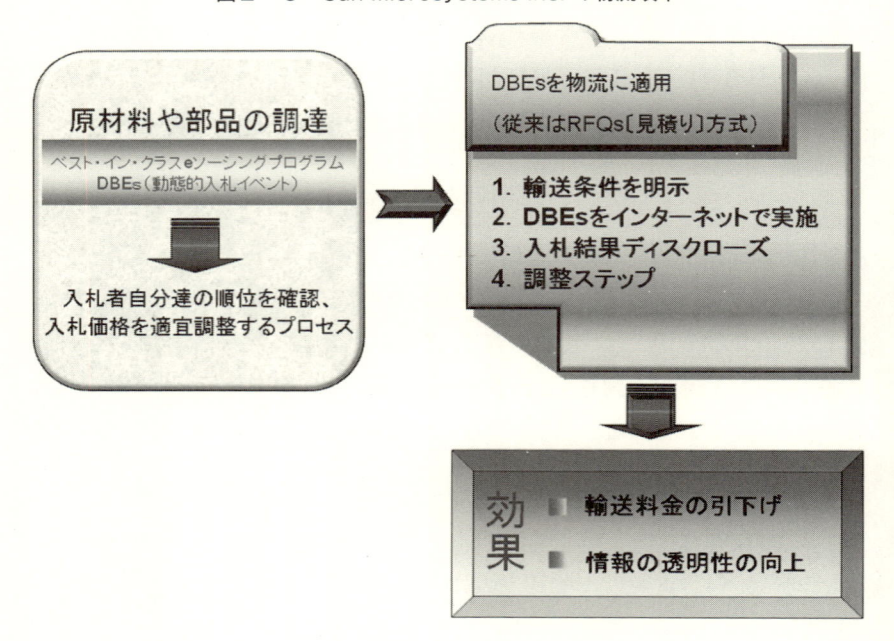

```
┌─────────────────────┐      ┌──────────────────────────┐
│  原材料や部品の調達    │      │ DBEsを物流に適用          │
│ ベスト・イン・クラスe    │ ───→ │ （従来はRFQs〔見積り〕方式） │
│  ソーシングプログラム   │      │ 1. 輸送条件を明示          │
│ DBEs（動態的入札イベント）│      │ 2. DBEsをインターネットで実施│
│         ↓           │      │ 3. 入札結果ディスクローズ    │
│ 入札者自分達の順位を確認、│      │ 4. 調整ステップ            │
│ 入札価格を適宜調整するプロセス│   └──────────────────────────┘
└─────────────────────┘                    │
                                            ↓
                              ┌──────────────────────────┐
                              │ 効果 ■ 輸送料金の引下げ    │
                              │      ■ 情報の透明性の向上  │
                              └──────────────────────────┘
```

第2章　アメリカの物流改革

　我々は2つの重要なロジスティクス問題に直面していたとカリフォルニア州フリーモント支社サプライマネジャー Kuljit Rai は語っている。第一は，正確な需要予測の不足であり，2つ目はロジスティクス活動を別の方法で検証し評価する見方である。Sun社のロジスティクスは長い間3ＰＬにアウトソーシングし，全体的なロジスティクスの業務責任を通常のＲＦＱ（見積もり）方式でさらに下請に任せてきた構造となっていた。換言すれば，見積もりを取っていたとはいえ，複雑な他の下請は決まった会社になっていたのである。

　しかし2年前，会社はロジスティクスの過程をさらにストリームにするため点検を開始した。我々は原材料や部品の調達について，歴史的に使ってきたベスト・イン・クラス・プログラムを利用していた。何故これらのＤＢＥを使用しないのだろうか。注意深い評価と計画の後，Sun社は2007年秋に孫請け運送業者に目標を定めたアメリカとヨーロッパの2つの動態的入札イベント（ＤＢＥ）を行った。入札者は当初ＤＢＥのプロセスに関して懸念を表明していたが，一連の電話会議や会合を通じて最終的には我々を信頼することになった。

　物流のＤＢＥの過程は，まず輸送に関する資格要件を明示し，それをクリアした入札者が入札される路線について自分たちのランク（順位）をみることができると同時に，ビジネスを勝ち取るために適宜彼らの料金を調整できる機会をもつように組み立てられていた[9]。このＤＢＥによって競争的な料金，ある場合には料金の引き下げを示す確証を伴うとともに，すべての情報交換がオンラインでできる情報の透明性を高めることになった。ただし，これを成功裡に導く唯一の方法は常にパフォーマンスと価格の傾向をベンチマークし続けることである。ＤＢＥの構造はまもなく会社の文化の一部となり，そしてSun社は新しい賞賛者の地位を勝ち取ることになった。

3　2009年アメリカ・ロジスティクス大賞にみる改革[10]

(1)　金賞「K－C勝利を収めたトレーラーのトラッカー」

> 2009年〈Gold Award（金賞）〉：社名　Kimiberly-clark
>
> 本社：ダラス（テキサス州），製品：クリネックス，Huggies，リトルSwimmers，Depends，Vivaペーパータオルを含むパーソナルケア製品。2008年の売上高：194億ドル，従業員53,000人。
>
> Logistics Best Practice：K－Cは，1,200エーカーの駐車場で紙の運航日誌と目による旧来型のトレーラー管理から，ＲＦＩＤを中心としたリアルタイムの電子ヤードチェックとウェブベースの管理に転換したことによって，トレーラーの見える化と大幅なコスト削減を実現した。

図2－7　Kimberly－clark の物流改革

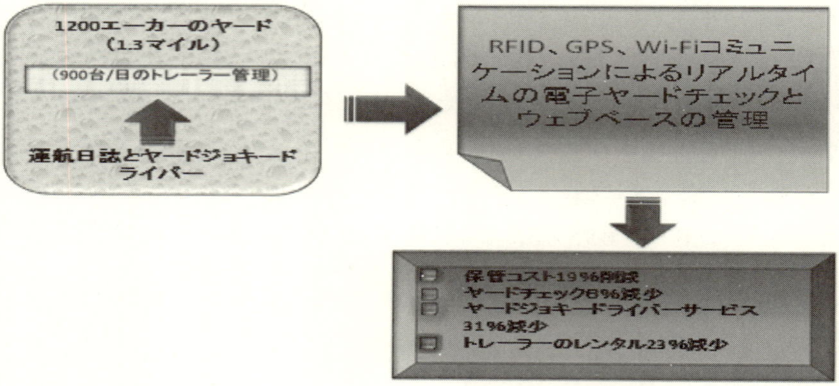

北アメリカにおけるＫ－Ｃ最大の製造工場である南カロライナ州Beech島の1,200エーカーの敷地で直面する問題が，物流における古くて新しい問題で

第2章　アメリカの物流改革

あった。その敷地は年365日，1日24時間開いており，ほぼ900台／日のトレーラーを保管していた。入口から出口まで1.3マイル（約2.1キロ）。トレーラーを見失うほどの広い空間であり，従業員が1台のトレーラーの正確な位置を発見することはまさしくクラップス賭博そのものであった。

　リアルタイムでトレーラーを追跡する自動的な方法が設計されれば，1日4時間に及ぶトレーラーを紙（運航日誌）と目で追跡する数十年前の古いやり方は最終的に廃棄される。そこで導入されたのが，ＰＩＮＣ製のウェブベースによる駐車場管理システムであった。トレーラーには受動タグが添付され，ＲＦＩＤリーディング，ＧＰＳ追跡，そしてWi-Fiコミュニケーション能力を装備した駐車場管理トラック（ヤードのジョッキートラック）が駐車場を動く度にセミトレーラーからの読み取り情報を集めて，バーチャルのサイトマップ上のダッシュボードに表示，そしてオンラインデータが利用される。これによって，トレーラーがヤードのどこに位置しているか，リアルタイムで正確に把握することができる見える化を可能にした。

　ＰＩＮＣソフトウェアの利点は，バズーカー砲でバードハンティングと言われることを避けるために機能上さほど精巧なものではなく，導入コストはそう大きなものではなかった。それらのコストは設置された場所で発生する節約から，まさに1年以内にペイされている。もちろん克服する問題がなかったわけではない。電子機器はでこぼこのヤードに耐えられるように固定しなければならなかったし，添付するタグは多種多様なトレーラーに装着するため，デザインの改良と添付方法の変更が必要であった。

　こうしたビジネスプロセスにおける改善の結果，ここ1年でトレーラー保管における19％のコスト削減，ヤードチェックの6％，駐車場管理車サービス31％，そしてトレーラーのレンタルにおける23％削減を達成することになった。駐車場における安全性の改善もある。同様のアプローチを採用している会社は他にもあるが，アメリカで最も早くそれを採用した1つがＫ－Ｃであると，会社関係者は強調している。

(2) 銀賞「Papa John'sのＱＣ探索」

> 2009年〈Silver Award（銀賞）〉：社名Papa John's International Inc
>
> 本社：ルイスビル（ケンタッキー州）。製品：ピザ・レストランのメニュー品目。2008年の売上高11億1,300万ドル。配送センター：10カ所。位置：世界の3,000以上のレストラン。
>
> Logistics Best Practice：スピードと温度管理を生命線とするピザの御用商人は，輸送過程を自動化し積み荷の見える化を達成することによって，利用運送料を15％引き下げ，食の安全性を確保する体制を構築した。

ピザは非常に腐りやすい食品であり，市場へのスピードが生命線である。ピザの御用商人Papa John'sのサプライチェーンは複雑で，ＤＣを通じて多くのベンダーに電話による注文を行い，そのベンダーが運送業者を選択し運送料金を前払い，特定の運送業者がＤＣに運んでいた。Papa John'sが積み荷，製品の質あるいは輸送中の温度に関心を持つならば，それらの情報を得るためにベンダーに戻り，そしてさらにベンダーを通じて運送業者に戻らねばならなかっ

た。すなわち，現状は必要な運送業者との直接的な関係を欠いており，高い品質管理を確保するためには運送業者と車両管理とともに，より大きな計画と調達の新しいソリューションを求める必要性があったのである。

スピードと温度を軸としたQCの改善に加え，いま1つの重要な挑戦であった在庫品の追跡と正確性に注目した会社は，補充，倉庫管理，運送，そして業績管理などSCMの合理化，ベンダーの統合を追求することになった。これはPapa John'sのニーズだけでなく，その親会社であるPJフードサービスのニーズも巻き込んだ壮大な計画となり，プロバイダー Manhattan Associatesもかかわることになった。PJフードサービスは，10のQCセンターを通じてPapa John'sのレストランで使用するすべての食材や供給品のワンストップショッピングを行っていた。

パートナーを選択する過程はかなりの努力を要したが，調達過程からの評価表に基づいて運送業者を選ぶ解決はより良い荷主／運送業者関係とネットワークの一元化を促進することになり，12の運送業者の選考と契約の準備過程はかなり合理的なものとなった。すなわち，Papa John'sの運送業者指名を可能にし，そして運送業者とPapa John'sの新しい直接的な関係は，積み荷に関する基本的なデータ，たとえば輸送中の温度などをしばしばリアルタイムで把握できる"可視化"を実現したのである。ただし難問のうち戦術的なもの，たとえばEDI化はなお積み残したままであり，これが整備されれば，流通，監査，支払などの機能もスムーズにいくはずである。

Papa John'sの改革の主要な目標は「見える化」に加え，マニュアルの削減，効率性の向上，コスト削減，そして株主価値の引き上げにあったが，実際の実行期間である6か月後には10％から15％のコスト削減目標を実現し，支払運送料金を削減した。また新しい補充と輸送体制の実行後は在庫を大幅に縮小するとともに，Papa John'sの施設に製品が到着する前に，急遽外部の注文に転用することも可能となった。

しかし，最大の利益は全体の気持ちの部分である。我々のレストランは，フレッシュな材料を持つ食事を提供することで知られている。だからこそ，我々

の製品と運送業者に対する可視化が食に対する安心安全を与えてくれるのである。

(3) 銅賞「New Egg.comは新しいモデルを作り上げた」

2009年〈Bronz Award（銅賞）：社名　New Egg.com
本社：City of industry（カリフォルニア州）。製品：コンピュータ・ハードディスク，ソフトウェア，家電，および通信機器のオンライン小売業者。2008年の売上高：21億ドル。従業員数：2,000人。
Logistics Best Practice：急速な成長が電子注文の小売業者に倉庫運営の自動化と合理化アプローチをとらせ，1つのオーダーの平均処理時間約15～20％改善，注文当たりコスト削減は20％に達した。

　カリフォルニア州を拠点とするインターネットの小売業者New Egg.comは，東海岸ニュージャージ州の2つの地域，CranberryとEdisonに大量注文受取倉庫を設立した。しかし，その後の急速な成長が4万点以上のコンピュータ・

第2章　アメリカの物流改革

ハードウェア，ソフトウェア，家庭用電化製品および通信機器を販売するｅ－リテイラーに倉庫運営の自動化と合理化アプローチをとらせることになった。なぜならば，東海岸の注文が2008年のNew Egg.comの総注文1,060万件の約3分の1，総売上高のおよそ40パーセントを担うようになってきたからである。

　従来のオーダー品のピックアップは，1枚の紙を従業員に与え，特定のオーダーを見つけるために倉庫中を歩かせるやりかたであったが，New Eggはシステムインテグレーター"Dematic"からpick to light systemとコンベア・プラットホームを導入した。注文がＤＣに割り当てられた時，トーチのルートを決め，適切なピックゾーンで職員が独特のバーコードＩＤを持つトーチをスキャンすると，在庫品が保管されている場所にライトがともり，商品がピックアップされる。そのシステムは，特定の場所から如何に多くのアイテムがピックアップされる必要があるか確認することもできる。注文，すなわちトーチが完全にピックアップされた時，30のパッキング基地の1つに運ばれ，注文品の内容がスクリーンに現れ，ピックアップされたものがされる必要があるものと完全に一致しているか保証するため，各注文のアイテムをスキャンする。そしてオーダーが終了すると，注文品が詰められ，輸送ラベルが印刷され，箱の中に挿入されて出荷場所へ向かうコンベアに置かれる。

　こうした受注の高速処理によって，ローカルタイムでＰＭ３時までに受け取った注文の約98％が同じ日に輸送される。顧客から受け取った注文の正確性は，99.99％に達していた。1つのオーダーの平均処理時間はかつてのマニュアルによるセットアップに対して約15～20％の改善を示し，現在20分に短縮されている。その結果，New Eggは労働の生産性から直接発生するコスト削減は20％に達している。このことは，2008年のNew Eggの東海岸における年平均注文が2005年の需要の3倍に当たる330万件に達したことを考えると，特に重要である。同じ労働力（約100人）で，より多くの注文を処理することが可能となり，労働生性が著しく向上したのである。

4　2011年アメリカ物流大賞[11]

> 2011年〈アメリカ物流大賞：社名　Parkn Pool
>
> 本社：バージニア州レキシントン。製品：アウトドア家具の販売。
> 設立：1998年。
> 〈受賞理由〉：各輸送費を見積もることができるウェブベースの評価ツール
> 　　　　　システムの開発と導入によって，トラック運送費を17%から5%に
> 　　　　　削減したこと。

　2007年から2009年にかけて景気後退が続き，トラック運送業者（LTL）のドライバーの給与や燃料費の高騰，そしてトラック運送費が増加したが，大部分の人は運送業者の料金値上げに無抵抗であった。かくして，荷主のロジスティクス・マネジャーは何をなすべきか？

■2011年の大賞事例■

図2－8　Parkn Pool の物流改革

ウェブベースのトラック運送会社の評価システム
開発・導入

運送費が販売費用の17% → 5%に大幅縮小

第 2 章　アメリカの物流改革

　アウトドア家具のパークンプール社は，輸送予算の90％を運送会社に支払うオンラインB to Bサプライヤーであり，バージニア州レキシントンを本拠地としていた。この会社が動態的な運送業者評価ツールを開発し，LTLの費用をよりよくコントロールすることになった。そのツールはほとんど費用をかけることなく開発され，輸送予算において大きな節約をもたらすことになった。どれぐらい大きな節約か？

　このシステムがスタートする2年前，パークンプールは輸送に販売費用の17％を投入していた。今年それらのコストは約5％であり，そのことがロジスティクス・マネジメント社の2011年ベストプラクティス賞をパークンプールが受賞する理由となった。パークンプールがLTLコストをどのようにコントロールし，印象的なロジスティクスの変化を実行したか，以下掘り下げてみてみよう。

　2008年，会社のロジスティクス・オペレーション・マネージャー「オマハ」氏は翌年からパークンプール社の中に国際物流部門を創設する計画を練り始めた。その目的は，LTL産業の競争的な市場環境を利用し，料金に関して運送業者と直接交渉する部門を創設し，そして最終的に料金を下げることにあった。そのプログラムの中で中心となったものは，個別に各輸送を見積もることができるウェブベースの評価ツールの開発であり，これによって多様なLTLの中からベストの費用を選択することが可能となった。これは，損害を被る価格値上げからパークンプールを守るのに役立ち，また運送業者が競争に関して攻撃的になろうとするコンスタントな入札の状態に入るきっかけとなった。

　評価ツールの開発は，パークンプールに在籍しているプログラマー「マーク・ビレット」によって行われた。ソフトウェアの複雑な部分をコード化し，運送業者が使用する別のシステムと連動させるとともに，データを如何なる作業員も容易に理解できるようにわかりやすい用語に変換した。たとえば，仮に1運送業者がある路線で急遽料金を値上げした場合，その運送業者の貨物量を減らし，余剰能力をもつ競争的な価格の他の運送業者に貨物をシフトさせる一撃を有していた。

評価ツールの理念は，パークンプールの運送業者の選考を広げ，長距離と地域両方で幾つかのコア運送業者の基礎を築くことにあった。料金表によってすべての運賃表の料金を見ることができ，またそれは各貨物に対して最も低い路線料金を与えてくれる。すべてこれは，貨物の４つの情報部分，荷主のZIPコード，荷受人のZIPコード，重量，分類を入れることによって行われる。それらの情報を挿入しボタンを押すことによって，個々の料金表による特定料金の見積もりが貨物ごとに輸送時間とともに，すべての運送業者からほぼ同時に入手することができる。主要な目標は，貨物ごとにベストな運送業者を選択することであった。

　一方，オマハ氏は，このシステムへの転換によって予測していなかった幾つかの利益が含まれていることを知った。まず路線効率性の最大化である。幾つかの運送業者は，ある路線で競争的な料金を提供することができないのに対して，他社ははるかによい料金でそうしたサービスを提供できるようになった。次に一定の競争環境の構築である。運送業者は特定路線でベストの料金を提供するため，交渉のテーブルを多くの数学方程式に変えざるを得なくなった。

　３つめのメリットがコストの値上げを排除できる点である。もし一運送業者が料金の値上げを選択すれば，そこには選択肢がある。幾つかのLTLは料金値上げをとどまるが，しかし他社は彼らがビジネスを減らし，やがて結果として自分たちの料金を下げることになることを理解している。

　評価ツールは，さらに販売にとっても利益になることが明らかとなった。ツールを設置する前は，パークンプールの会計マネジャーが１つのコール（呼び出し）を行うたびに，輸送費用の評価を与えるようサプライアーに依頼しなければならなかった。これはサプライアーに第２のコールを求め，顧客がその日の終了までに最終的な見積もりを受け取ることができないことを意味していた。その作業は通常少なくとも数時間かかり，時にはその間に販売が喪失することになる。現在では顧客がコールするや否や，会計マネジャーは電話をかけながらほぼ同時に，コストの最終的な評価を受け取ることができる。我々はそうしたプログラム化されたものを持っており，まさしくその情報を引き出すた

めに約２，３秒しかかからないとオマハ氏は語っている。我々が輸送を見積もる前は，約1,700ドルであったものが，現在500ドルになっている。顧客は，輸送料金において起こっているもの以上に驚いている。

　燃料サーチャージが二桁で値上がりし，運送業者が年間５，６％料金値上げを行おうとする時，パークンプール社は輸送費を販売の17％から今年５％に削減させている。パークンプールは，現在３つの大きな全国ネットのLTL運送会社，YRC, FedEx, ABF Freight Systemを利用しているが，オマハ氏はそれらの料金は接近していると語っている。地域のLTL業者については，Southeastern, Roadrunner, Holland, カナダのReimerを含め，約半ダースの会社を利用している。

　パークンプールの運送業者の評価システムに関して質問した時，YRCのシニア販売部長ドリスコール氏は，各注文の貨物について個別に価格とサービスの比較を従業員にみさせており，パークンプールの各貨物についてベストな運送業者を選択させていると語っている。さらにドリスコール氏は，こうした輸送管理システムは運輸産業おいて明らかに一つの傾向になっており，一部の会社は３ＰＬと契約することによってそれらのシステムを手に入れ，また他社はソフトウェアを購入し，そして既存のシステムに直接それらを統合している。実際の輸送コストを決定し，一般的に輸送費用を削減しようとするためにそれは必要なのである。アメリカの荷主と運送会社との間は現在ダイナミックに変化しており，そのことがこのツールの最も大きな利益の１つとなっている。

5　おわりに

　①Kimberly-clark社，②Papa John's International Inc，③New Egg.comがなぜ物流大賞に選ばれたか，その理由が重要である。一つは物流改革の切り口ないし着眼点，発想（創造性）といってよいかもしれない。Kimberly-clark社はRFID, GPS, Wi-Fi（無線ラン）を活用した900台に及ぶトレーラーのロケーション追跡，Papa John's International Incは安心安全を監視する輸送過程の

見える化を実現しただけでなくベンダーと輸送業者の整理統合を図ったこと，New Egg.comはトーチとpick to light systemを利用した注文処理の効率化に新しい知見がみられる。

　本章でみた2006年金賞のAmerican Identityは，顧客の輸送費と輸送サービスに対する不満を解消するため，実に7万品目に及ぶアパレル商品の「貨物運送費見積モジュール」を構築することによって92%の不満を解消するとともに，顧客と同社の付帯的な輸送料金を削減した。2007年金賞のCDW Corp.は，第2のＤＣを新設するに当たって荷主の2割が集中するアメリカ西海岸を選んだ「立地」の着眼点が評価につながった。国際物流ということで例外的に取り挙げた2007年の銅賞の「Bakers」は中国の供給者別航空輸送方式から一括輸送方式に変えたことが40%の短納期と15～30%の輸送保管コストの削減につながった。08年金賞のAshland社は，4部門の関係者が協議し部門別物流からそれぞれの輸送ニーズを満たすかたちで「物流一元化」を果たしたところに共鳴が得られたと考える。2008年銅賞の「Sun Microsystems Inc.」は，原材料や部品の調達において伝統的に使ってきたベスト・イン・クラス・プログラム（複数回入札制度）を物流，すなわち運送会社の選考に応用したところに新しい試みがあった。

　いま1つは莫大な投資を行った物流改革ではなく，手頃な投資で費用対効果が大きい物流改革が選ばれている印象を受ける。誰でも取り組むことができる改革というところが重要なのであろう。たとえば，Kimberly-clark社は航空機のブラックボックスのように現在地を信号で発信し続ける高価な電子装置ではなく，手頃なＩＣタグとリーダーを採用したものであり，またNew Egg.comは最新鋭の立体自動倉庫で導入される自動ピッキングシステムではなく，注文書にトーチをかざせば注文品が保管されている場所を知らせるpick to light systemを採用し，注文処理時間を15～20%短縮した。これは大きな投資コストを伴う自動化というよりは省力化や合理化に近い改革である。

　取り上げた事例の中でとりわけ費用対効果が大きいのは，すべて既存の資源だけで物流一元化を成し遂げたAshland社の改革であり，投資コストはまった

く必要なかった。莫大な投資を行って物流を改善する試みは世界至るところで日夜行われている。その方向の改革よりは，現場に則し費用対効果が大きい改革が評価されているのである。ただし費用対効果といっても，それが数値で立証されているわけではない。この点が今後物流改革を比較する場合の主要な課題になってこよう。

表2－2　物流改革の3要素

> ○切り口ないし着眼点，発想（創造性）
> ○手頃な投資で費用対効果が大きい物流改革
> ○関係企業間のコラボレーション

物流改革の重要な要素は2つであるが，あと強いて挙げれば注目される物流改革には関係者の"協力"が不可欠であることも挙げてよい。トレーラーのリアルタイムの位置確認システムの改革においては，Kimberly-clark社のビジネスパートナーであるシステムエンジニアリング会社PINCが重大な責任を担い，Papa John'sに適切な解決策を提供した事例ではコンサルタント会社Manhattan Associatesが大きな役割を果たした。アメリカは会社においても個人主義が中心となっているが，物流の何をどのように変えるか着眼点，切り口の発見は多くの場合関係者のコラボレーションのもと行われている。

貨物運送費見積モジュールを構築した2006年金賞のAmerican Identityは，商品輸送の不満をクライアントから聞き出したことが改善へのきっかけとなった。2007年金賞のCDW Corp.は，第2のＤＣを新設するに当たってベストサービスを提供していたUPS, FedEx, DHLのコア運送業者に加え，メーカー，購買者と迅速に協議したことが成功の要因と言われている。2007年銅賞の「Bakers」は，中国の発荷主20～40のベンダーはもとより，アメリカの着荷主200店舗，そして荷札付け，バーコード検品，発送作業など総合物流を担うように委託を受けた貨物フォワダー"Transmodal Associates"の協力なくして改革は実現しなかったと思われる。2008年金賞のAshland社においては，会社の全部門の仕入れ，オペレーション，ロジスティクスのメンバーが戦

45

略的チームを編成し，同チームによって策定された輸送プログラムの統一化がAshland社の物流一元化につながった。物流改革においては改革の着眼点（切り口・創造性），費用対効果，協力体制，3つがポイントであることをアメリカの物流大賞は示唆していると考える。

　もちろん物流改革の要素は3つだけに限定されるわけではない。改革にかかわる人数，投資等のコスト，期間，国内かグローバルか，物流部門だけの主導で可能かどうか，調達や生産，販売，回収など他部門との連携の必要性，発荷主や着荷主，運送・倉庫業者など他社連携の必要性，鉄道や港湾など物流インフラの整備との関連等も改革に影響を及ぼす要素であり，その範囲は広範囲にわたっている。筆者は，日本ロジスティクスシステム協会のグリーン物流研究会に参加させて頂いている。その研究会で，スペアタイヤの9割が使用されずに廃棄されていることに着目し，スペアレス化による省資源化を促進している改善や，20年後のスーパーエコシップをどのような船にするかの話を聞いていると，改めて物流改革にとっては人の発想（創造性）や着想が重要であると感じる。そして，その発想を実際に改革に結びつけていくのはなによりも携わっている人の情熱である。

　本章では物流改革に取り組む場合の重要な要素として，物流改革の切り口ないし着眼点，創造性，手頃な投資で費用対効果が大きい物流改革，そして関係会社のコラボレーション3つが重要であることを指摘した。アメリカの物流改革のトレンドを見過ごすことなく，もう少し物流改革の研究を重ねていきたいと考えている。

（注）
1）　SCMについては多様な定義の仕方があるが，コアは「ITを通じた財と情報のフロー」と「調達から回収に至る供給連鎖と関係企業の統合」2つである。James Wang, Daniel Olivier, Theo Notteboom, Brian Slack (2007), *Ports, Cities, and Global Supply Chains*, Ashgate Publishing Limited, pp. 11–17.
　　Demand Chain Management（需要連鎖管理）は，エンドユーザーの需要情報，クレイムを川下から川上の配送・製造・開発部門に伝え活用していく管理手法。顧客を起点に関係するプレイヤーで情報を共有し，製品の効率的な生産と配送，

第2章　アメリカの物流改革

在庫補充を行うとともに，さらに新製品の開発に結びつけていく考え方がＤＣＭである。

　Peter R. Chase, "Beyond CRM: The Critical Path to Successful Demand Chain Management", DCM Solutions Ins., 2000, p.3.

2）　日本政府の物流政策，すなわち総合物流施策大綱は下記の本を参照。

　日本物流団体連合会「数字でみる物流2011」，日本物流団体連合会，2011年，pp.199-211。

　アメリカ政府の物流政策については，貨物輸送に限定した領域であるが次の文献を参照。

　The National Academy of Sciences (2003), *Freight Capacity for the 21st Century*, Transportation Research Board, Special Report 271, pp.5,6。

3）　Logistics Management Com., Best Practices 2007 "AND THE WINNERS ARE …", Logistics Management, Jun 2007, pp.2-30参照。

4）　受賞事例については，Logistics Management Com., Best Practices "AND THE WINNERS ARE…", Logistics Management, Jun, 2006, 2007, 2008を要約。

5）　アパレルの新国際ビジネスモデルは，ほぼ同様なものが日本の大手商社で中国～日本の間で行われ始めた。

　日本ロジスティクスシステム協会グリーン物流研究会配布資料2008年9月。

6）　2006年現在アメリカは，56億8,400万トンのCO_2を排出し世界の20.3％を占めている。アメリカの部門別CO_2排出量は，産業，交通，商業，家庭，農業の順で多く，交通部門の割合は日本の19.1％に対してアメリカ28％。内訳は乗用車・バス34％，軽トラック（ＳＵＶ，ミニバンを含む）28％，大型トラック19％，航空機9％となっている。部門別では1990～2004年で最も増加したのが交通部門であり，増加率は大型トラック62％，乗用車・軽トラック23％，航空機10％の順で高くなっている。地球温暖化に対する物流部門の責任は決して小さくない。

　出所：John Davies, Michael Grant, John Venezia, and Joseph Aamidor (2007), "Greenhouse Gas Emissions of the U.S.Transportation Sector", *Transportation Research Record*, No.2017, p.42。

7）　アメリカ・オバマ政権のグリーン・ニューディール政策は，景気対策2年間で総額7,870億ドル〈75兆円〉を投資。うち環境関連の「グリーン・ニューディール」部分は1,160億ドル（11兆円）。内訳は，断熱材や二重窓を設置した省エネビル化，電力使用量の削減につながる次世代送電網（スマートグリッド）の推進，風力や太陽光発電などのクリーンエネルギーの利用，自動車の温暖化ガス排出規制の強化，高速鉄道の整備推進などであり，物流に関する新機軸はいまのところ現われていない。

8）　最新物流理論「ＳＣＭ」の典型的な改革事例であり，日米でこの種の施策が数多く実施されている。

9）　複数回入札を繰り返す契約手法はアメリカでも多いわけではないが，こうした商慣習がそれぞれの国の物流改革における特徴に影響を与えることになる。

2003年11月,経済産業省の「ＳＣＭ推進のための商慣行改善調査」では,日本の商慣行として「物流センター・フィー支払制度」や「リベート・協賛金制度」,「返品制度」,「多頻度小口配送」を挙げている。
10) 受賞事例については,Logistics Management Com., Best Practices "AND THE WINNERS ARE…", Logistics Management, Jun, 2009を要約。
11) 受賞事例については,Logistics Management Com., Best Practices "AND THE WINNERS ARE…", Logistics Management, Jun, 2011を要約。

〔参考文献〕
1．日本ロジスティクスシステム協会,「2009年度グリーン物流研究会活動報告書」,JILS,2010年参照。
2．Marc J. Schniederrjans, Topics in Lean Supply Chain Management, World Scientific Publishing Co., 2010.
3．U.S.Department of Commerce (2009), Statistical Abstract of the United States 2009, National Technical Information Service.
4．John Davies, Michael Grant, John Venezia, and Joseph Aamidor (2007), Greenhouse Gas Emissions of the U.S.Transportation Sector, Transportation Research Record No. 2017.
5．Cristiano Facanha and Jeffrey Ang-Olson (2008), Comparison of Technological and Operational Strategies to Reduce Trucking Emissions in Southern California, Transportation Research Record No. 2058.
6．Iris I. Lin他 (2002), "Electronic Marketplaces for Transportation Services-Shipper Considerations", Transportation Research Record No. 1790.
7．Lee Schipper (2009), Moving Forward With Fuel Economy Standards, ACCESS, No. 34 Spring, Transportation Research at the University of California
8．Logistics Management Com. (2006~09), Best Practices "AND THE WINNERS ARE…", Logistics Management, Jun.
9．三橋規宏 (2007),『環境経済入門』,日経文庫,日本経済新聞社。
10．The National Academy of Sciences (2003), Freight Capacity for the 21st Century, Transportation Research Board, Special Report 271.
11．日本ロジスティクスシステム協会 (2005~09),「LOGISTICS SYSTEMS」,Vol.15~18の新年号,日本ロジスティクスシステム協会 (2006, 08),「ロジスティクス環境会議」第1,第2期活動報告書。
12．UC Berkeley>Energy@Berkeley (2008) "Securing our Energy Future" http://energy.berkeley.edu/.
13．James Wang, Daniel Olivier, Theo Notteboom, Brian Slack (2007), Ports, Cities, and Global Supply Chains, Ashgate Publishing Limited.
14．芦田誠・ホンジンウォン (2001),「トラック運送会社の環境問題への取り組みと評価－日米韓を中心として－」,『交通学研究2000年研究年報』,日本交通学会。

15. Peter R. Chase (2000), "Beyond CRM : The Critical Path to Successful Demand Chain Management", DCM Solutions Ins.
16. 経済産業省資源エネルギー庁「改正省エネ法説明資料」，2009年5月。
17. 日本ロジスティクスシステム協会「ロジスティクス環境フォーラム・グリーンロジスティクス事例研究会3回会合資料」，2010年10月13日。
18. 日本物流団体連合会「数字でみる物流2011」，日本物流団体連合会，2010年。

第3章 日本の物流改革
—グリーン物流を中心として—

1 はじめに

　2000年以降の日本の物流改革の中心は Green Logistics である。グリーン物流の言葉は必ずしも明確に定義されているわけではないが，一般的には「環境にやさしい物流」として理解されており，その内容は環境を広くとらえ環境と廃棄物2つが中心となっている。後者は，たとえば「厚さの薄い包装材を選ぶ」，「繰り返し使える包装材に変更する」，「リサイクルしやすい素材を用いた包装材を使用する」，「リサイクルしてつくった包装材を使用する」などによってゴミや二酸化炭素の排出量を削減し，やさしい環境に貢献することになる。また物流でよく使われる段ボール箱1kgを作るためには1.76kg，発砲スチレンのプラスチック製パレット1kgを作るためには3.01kgのCO_2が排出され，地球環境に影響を与えることになる[1]。物流が環境に影響を及ぼす問題として地球温暖化，資源の枯渇，廃棄物がある。これらの問題群とロジスティクスの関わりを考え，温室効果ガスの削減（低炭素社会）と3Rを通じた循環型社会を実現していこうとする活動がグリーン物流である。

　本章は，まずグリーン物流への取り組みがなぜ高まりをみせたか，その背景をフォローアップした上でグリーン物流の具体的な施策を考察する。当然のことながら，それらの施策には有効に機能している場合とそうでないケースがある。したがって，事例を分析するに当たっては成功するポイント，また逆に有効に機能していない場合にはなぜ機能しないのかその理由と課題に論点を絞り，施策を考察する。そして最後に，東日本大震災後の不透明な日本の地球温暖化政策の中で，1年後に迫った京都議定書の公約を厳守するため，いまどのよう

な施策が必要かを考える。東日本大震災後節電対策に最大の力を注いでいる企業にとって，求められる温暖化対策の姿が見えてくれば幸いである。

2　グリーン物流の高まりとその経緯

(1)　環境負荷低減への取り組み

　環境問題の焦点は時代とともに変わる。1960～70年代，日本で問題となった公害は4大公害裁判，すなわち熊本水俣病，新潟水俣病，神通川イタイイタイ病，四日市大気汚染に代表されるように，地域単位の公害が中心であった。そして90年代に入って問題になったのは，肺がんの一原因物質となる浮遊粒子状物質（SPM）と，オゾン層の破壊や地球温暖化など地球レベルの環境問題であった。

　地球温暖化に影響を及ぼす排出物は二酸化炭素（CO_2），メタン（CH_4），一酸化二窒素（N_2O），フロン（CFCs）であるが，2009年現在原因物質の94.7％を占めるのはCO_2である。世界の二酸化炭素排出量は約294億トン。国別排出割合は，図3－1で明らかなように，中国23.7％，アメリカが17.9％，インド5.5％，ロシア5.3％，次いで日本3.8％，ドイツ2.6％，カナダ1.8％と

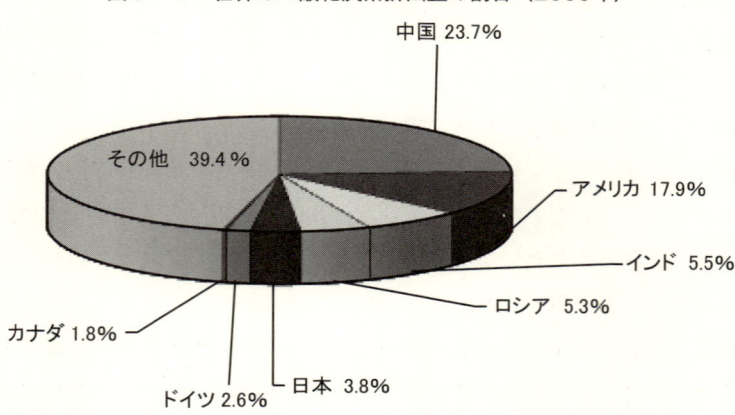

図3－1　世界の二酸化炭素排出量の割合（2009年）

中国 23.7％
アメリカ 17.9％
インド 5.5％
ロシア 5.3％
日本 3.8％
ドイツ 2.6％
カナダ 1.8％
その他 39.4％

出所：環境省編「環境白書」，ぎょうせい，2012年，p.158の数値をもとに作成。

第3章　日本の物流改革—グリーン物流を中心として—

なっており，日本は世界で5番目のCO₂排出国となっている[2]。

表3−1は，自動車の燃費改善と低公害車の普及，交通流対策，モーダルシフト4つの柱からなる地球温暖化対策大綱（2002年）の対策と，物流総合効率化法（2005年），ならびに改正省エネ法（2006年）による削減量の目標値を示したものである。2006年日本政府は旧省エネルギー法を改正し，運送業者や荷主（メーカー）に省エネを促すことになった。内容は，経済産業省と国土交通省が協力し，原油換算で年1,500kℓ以上のエネルギーを使用する荷主（865社），旅客・貨物輸送業者（643社）はCO₂削減の計画と報告，およびエネルギー消費原単位で年平均1％以上向上させることが義務化された。

表3−1　交通部門の削減目標（単位CO₂−トン）

地球温暖化対策大綱における対策（02年）	物流総合効率化法（05年），改正省エネ法（06年）による追加対策による削減量の目標
自動車の燃費効率の改善　約1,390万トン	24超25トン以下の車両保有台数を12万800台，トレーラーを6万8,800台まで増加，帰り荷確保，トラックの営自転換1％向上，積載効率向上1％向上など。〈約760万トン〉
クリーンエネルギー車の普及。約220万トン	鉄道コンテナ輸送を32億トンキロ増加など。〈約90万トン〉
ITSの推進，路上工事の縮減等，交通流対策。890万トン	国際貨物の陸上輸送距離を約92億トンキロ削減など。〈約270万トン〉
公共交通の利用促進，物流の効率化等，環境負荷の小さい交通体系の構築。1,290万トン	海上輸送量を54億トンキロ増加など。〈約140万トン〉
合計　約3,790万トン	合計　約1,260万トン

周知のように，日本は京都議定書によって「2008〜12年の5年平均で90年比6％の温室効果ガス削減」の国際公約を守ることが求められているが，2009年現在その状況は90年比−4.1％減で，まだ目標を達成していない。表3−2は，2010年時点の部門別CO₂排出量の推移と目標数値を示したものである。1979年秋原油価格が4倍に高騰した第一オイルショックで省エネ技術を磨いた日本産業は，この舞台でも主役を演じ20年間で−19.5％のCO₂削減を実現してい

53

る。

　民生部門の増加は，家庭の世帯数の増加と1世帯当たりのエネルギー消費量の増加，ビルや事務所，ディスカウントストア，病院，娯楽場，コンビニ，ファミリーレストランなどの延床面積の増加が原因である。交通物流部門2億3,000万tのCO₂排出量の約9割は自動車に起因している。09年と90年と比べると，自家用乗用車の排出量が車両数の増加，走行距離の増加，車両の大型化により増加しているが，2001年以降は，自動車の燃費効率の改善，自動車グリーン税制，内航海運による輸送量の増加，エコドライブの推進，自家用から営業用へのトラックの転換等によってCO₂排出量は抑制傾向を示している。

表3-2　部門別CO₂排出量の推移と2010年の目標数値（単位：百万トン）

部門	1990年	増減率	2009年	目標までの削減率	目標年度(2010年)
産　業（工等）	482	−19.5%	388	+9.3〜+10.3%	424〜428
交　　　通	217	5.8%	230	+4.3〜+5.7%	240〜243
業　務　等	164	31.2%	216	−3.8%〜−2.8%	208〜210
家　　　庭	127	26.9%	162	−14.8〜−13.0%	138〜141
エネルギー転換	68	17.8%	80	−17.5%	66

　産業と交通物流部門が当初の目標を達成しているのに対して，業務と家庭，エネルギー部門の削減率がなお大きく，同部門の対策が京都議定書をクリアできるか焦点となっている。業務部門に対する排出抑制策としては，2008年の改正省エネ法によってサービス部門に拡大，たとえばデパートやコンビニ，ファミリーレストラン，学校，病院，ホテル，オフィスビル，娯楽施設等についてもエネルギー消費原単位で年平均1%以上低減させることが義務化された[3]。いま1つの家庭部門の対策としては，省エネ車購入費補助による低公害車の普及促進，家電のエコポイントや住宅や建築物の省エネ改修促進税制，空調設備等の効率化等によって約3,400万トンのCO₂削減を計画している。これらの対策で不十分な場合，京都議定書で認められた森林吸収分（目標4,767万t−CO₂，基準年排出量比3.8%）とクリーン開発メカニズム（同比1.6%）の奥の一手

に加え、優等生である産業と交通物流部門がより一層のCO$_2$削減に取り組まざるを得ない状況となっている[4]。

(2) 3Rへの取り組み

高度経済成長を支えた大量生産、大量消費、大量廃棄は、森林や大気、水質、土壌を汚染し地球環境を破壊するとともに、限られた資源を無尽蔵に消費し廃棄してきた。そうした経済社会のメカニズムを断ち切り、資源を有効に使い、ゴミをリサイクルして、環境にできるだけ負担をかけない社会を構築する機運が高まってきた。①Reduce（廃棄物の発生抑制〔減少〕）、②Reuse（使用済製品等の再使用〔再利用〕）、③Recycle（回収されたものを原材料として利用する再生利用〔再資源化〕）、いわゆる3Rを徹底して実施し、その結果どうしても廃棄せざるを得ないものを処分する社会である。これが循環型社会であり、法律的には2000年5月に成立した循環型社会形成推進基本法で裏付けられた。

図3-2　3R

循環型社会 ⇐ 3R
① **Reduce**（廃棄物の発生抑制）
② **Reuse**（使用済製品、部品等の再使用）
③ **Recycle**（回収されたものを原材料として利用する再生利用）

具体的には、①1970年の廃棄物処理法、②リサイクルに容易な材質・構造の工夫を促す「資源有効利用促進法（91年）」、③再商品化の「容器包装リサイクル法（97年）」、④コンクリートやアスファルト、木くずなどを分別し再資源化する「建設リサイクル法（2000年）」、⑤廃棄するものを削減し堆肥、飼料化を義務づけた「食品リサイクル法（2000年）」、⑥再製品の購入を促進する「グリーン購入法（2000年）」、⑦家電リサイクル法（01年）、⑧自動車リサイクル法（05年）などによって推進されている[5]。

(3) 廃棄物の現状

主に家庭から排出される一般廃棄物の排出量は、1990年以降毎年5,000万ト

ン前後で推移しており，10年の排出量は4,365万トン，国民1人1日当たり976グラムである[6]。10年の一般廃棄物のリサイクル率は20.8%であり，1990年の5.3%と比べ上昇はしているものの依然として低いレベルにある。個別のリサイクル率で高いものは，ガラスびん97.5%，ペットボトル96.0%，アルミ缶92.6%，スチール缶89.4%などである。2000年度から新たに容器包装リサイクル法の対象品目となった段ボールのリサイクル率は，すでにリサイクルシステムが確立されているため99.3%となっている。

全国のスーパーなどのレジ袋は年間300億枚，不燃ゴミの約5%を占めていた。そこで，レジ袋など容器包装を50トン以上使用する百貨店やスーパーなど小売業者に排出抑制を義務づけた改正容器包装リサイクル法が07年4月から施行された。削減目標と報告を義務づけ，違反した企業については，企業名を公表し罰金50万円以下を課す法律である。レジ袋有料化の仕組みは，マイバックを持参しない消費者に，たとえば1枚2円でレジ袋を販売しレジ袋を削減していこうとする試みであり，施行後の評価はポジティブに評価されている。

他方，汚泥やがれき，ふん尿，建設廃棄物など「産業廃棄物」は，90年以降毎年4億トン弱で推移しており，10年の排出量は3億3,975万トン。産業廃棄物のリサイクル率は53.0%となっている。

(4) 家電リサイクル法と自動車リサイクル法

01年4月から実施された家電リサイクル法は，洗濯機（2,400円），テレビ（2,700円），エアコン（3,500円），冷蔵庫（4,600円），4品目を対象として全国約8万の家電販売店に引取義務を課して指定取引場所で分別，Recycleするものについては引き取り義務があるメーカー，輸入業者の再商品化工場に運搬する仕組みとなっている。家電のリサイクル料金は，メーカー統一価格で後払いのため，不法投棄が増えるという問題点が指摘されている。10年の廃家電4品目の総計は約2,770万台。再商品化率は家庭用エアコン88%，洗濯機・衣類乾燥機86%，ブラウン管テレビ85%，プラズマテレビ79%，冷蔵庫冷凍庫76%であり，いずれも法定基準を上回っている。2009年4月より液晶・プラズマテレ

ビ，衣類乾燥機が対象品目に追加されたが，家電リサイクル法についてはさらに対象品目の拡大（レンジなど）と前払い方式への転換が求められている。

パソコンについては，資源有効利用促進法によって事業系パソコンが01年4月から，家庭用パソコンが03年10月から使用済みパソコンの回収・再資源化をメーカーに義務づけるとともに，年式，機種によって異なるが購入時にリサイクル料（3,000～7,000円）が徴収されている。09年の再資源化率は，デスクトップパソコンで76.9％，ノートブックパソコンで56.8％であり，いずれも法定基準をクリアしている。

05年1月から実施された自動車リサイクル法は，樹脂やゴムなど破砕くず（シュレダーダスト），エアバッグ類，エアコンに使うフロン類，3品目の処理を自動車メーカーと輸入業者に義務づけ，メーカーは所有者から受け取った処理費用を全国約6千社の解体業者に支払い，エアバックの解体や破砕くずの埋め立てなどに責任を負うかたちとなっている。自動車のリサイクル料金（乗用車の場合7,000～18,000円）は，家電と対照的に新車購入時（使用中の車は車検時か廃車時）に徴収され，処理コストの削減とリサイクル率で競争が行われる仕組みとなっている。10年度では約350万台の自動車が廃車となり，リサイクル率は95％。規制が先行している欧州では，2015年に廃車リサイクル率を95％に引き上げる目標となっているが，日本はすでにその水準を達成している。

3　グリーン物流の改革

(1)　企業のグリーン物流施策

図3-3は，横軸に環境（左）と3R（右），縦軸に管理（上）と技術（下）を位置づけ，現代企業が取り組んでいる施策一覧をプロットしたものである[7]。

左側には管理的な色彩が強い「CO_2の見える化」，「エコドライブとCO_2削減」，「排出量取引」から「カーボンフットプリント」，「共同配送」，「モーダルシフト」，「効率的な輸配送システム」と続き，そして「2030年スーパーエコシップ」，「電気貨物自動車への取り組み」など技術を中心とした環境対策が並

図3-3　現代企業が取り組む施策一覧（一部）

```
                                                                    <管理>
○エコドライブとCO₂削減      ○LED照明の導入         ○エコポイントを活用した
                                                      グリーン物流の推進
○CO₂見える化への取り組み    ○MFCAの実践
○アパレル物流のグローバル    ○使用済み天ぷら油       ○インクカートリッジ
　の最適輸送経路の選択　　　　　の資源化　　　　　　　　里帰りプロジェクト
○カーボンフットプリント    ○再生機・リトレッドタイヤの拡大
○求車求貨システム                                 ○ゴミ減装
○共同配送                                         ○リサイクルの輪
○モーダルシフト           ○RFIDを活用した循環システム
○効率的な輸配送システム    ○シートパレットによる環境負荷低減
○鉄道コンテナ輸送における統合管理システム          ○エンドレスのリサ
○2030年スーパーエコシップ                           イクルシステム
○電気自動車への取り組み
                                                                    <技術>
（環境）                                                          （3R）
```

んでいる。他方右辺には，「エコポイントを活用したグリーン物流の推進」を皮切りに，「インクカートリッジの里帰りプロジェクト」，「ごみ減装」，「リサイクルの輪」，「エンドレスのリサイクルシステム（エコサークル）」など3Rの一連の施策が続いている。また中央部分には，「使用済みてんぷら油の資源化」，「コピー再生機・リトレッドタイヤの拡大」，「RFIDを活用したオリコンの循環システム」など環境と3R両方に関係すると思われる施策が位置している。

　これらのうち，まず代表的なグリーン物流の施策をみてみよう[8]。当然のことながら，これらの施策がすべて有効に機能しているわけではない。したがって，本章の「はじめに」で触れたように事例を考察するに当たっては成功するポイント，あるいは有効に機能しない理由と課題に論点をおいて分析する。

① **循環型社会に向けた総合スーパーの取り組み**（食品廃棄物からの堆肥市場化とシステム化）

　2007年の改正食品リサイクル法によって食品リサイクル率を20％にすることが決定され，廃棄物の堆肥化・飼料化が義務化された。愛知県に本社を置く総

第3章　日本の物流改革―グリーン物流を中心として―

合スーパーチェーンは，2009年3月現在233店舗を抱えているため，おのずから生鮮食品の調理クズ（野菜・果物ほか）・賞味期限切れ・飲食の食べ残し（07年13,650ｔ），魚のアラ（3,748ｔ），食品廃油（1,216ｔ），てんかす（995ｔ），計1900,609ｔなどが出る。これらを可能な限りリサイクルしているのが取り上げた総合スーパーである。残り物をリサイクルするのは決して今日では珍しくないが，リサイクルされたものが必ずしもスムーズに市場で販売されているわけではない。そこの部分がリサイクル飼料の最大の課題であった。廃棄物をリサイクルするにしてもお金がかかり，従来型のトウモロコシや大豆を主原料とした配合飼料に比べやや高かったからである。そこで市場化を考え，総合スーパーは食品リサイクルの基本方針を次のように策定した。

① 安全であり環境負荷が少ないこと（大気汚染，水質汚染を予防し，省エネであること）。
② 再生資源として有効であること。
③ 経費が抑えられること（公共処理料金との比較）。
④ 継続できる方法であること（リサイクルルートが確立していること）。

これらを基に，店舗から発生した残り物を熱処理機搭載のトラックで一次処理しながら堆肥場へ運搬し，コンポスト（堆肥）を製造する。リサイクル率は現在33.9％，法定基準の20％を優にクリアしている。堆肥をリサイクルで製造していること自体は珍しくないが，それらをシステム化したところに本総合スーパーの特徴がある。すなわち，生産した堆肥（市場価格よりやや高い価格）を契約農家が購入し，その堆肥で農家が無農薬野菜を生産する。そしてその野菜をスーパーで販売する食品リサイクルの輪である。こうすることによって，食品等の廃棄物が堆肥にされるだけでなく実際に使用され，そして次の生産につながっていく循環の流れができるのである。2007年現在，食品流通業及び飲食店業等から発生する食品廃棄物は，堆肥化が109万トン（21％），飼料化が56万トン（11％）及び油脂の抽出その他が41万トン（8％）で計207万トン（40％）が再生されているが，食品廃棄物からの堆肥化は市場化の点で大きなハードルがあることに留意しておかなければならない。

② 特定非営利活動法人「減装ショッピングの実験」

　2007年の改正容器包装リサイクル法によって，年間50トンの包装紙を使用する小売業者に削減義務が課された。外国と比べ日本の商品販売の特徴の1つは，包装が過大，豪華であることである。そこで，ゴミの総量自体を少なくするために減装に取り組んでいるのが関西を本拠地とするＮＰＯ法人である。たとえばウインナーの包装は，袋の上部が絞り込まれ紐（ひも）が付いているが，「何故紐を付けたのか」。その理由は明確ではなかったが，歴史的に辿っていくと，その理由は見た目を良くするためであった。ウインナーのために良いとか保存のためではなかったのである。

　そこでＮＰＯ法人がメーカーと販売店の協力のもと試みたのが，ウインナーの簡易包装であった。しかし，店頭に紐付きウインナーと簡易包装のウインナーを並べて販売したところ，簡易包装のものはほとんど売れなかった。同一商品，同一価格であっても消費者は購買慣習で従来の物を選んでしまうのである。循環型社会を志向する中で，消費者の購買行動を変える実験を行っているのが当の「ＮＰＯ法人」。大手食品メーカーとスーパーの協力のもと，環境保護の観点から減装していること，中身と価格は同一であることを消費者に説明し，実際に買ってもらうように努めている。その結果，そういう行動を一度とったクライアントは，次回からは環境にやさしい商品を購入することがわかってきた。意識を変えて行動を促すのではなく，体験こそが消費者の購買行動を変える源なのである。

○ＩＴトラックと燃料消費量のみえる化

　正徳2年（1712年）に創設され，07年で295年の歴史を有する大手食品会社は，従業員1,527名，06年12月期で13,889億円（単体12,952億円）の売上高を誇る国内有数の食品酒類卸売業者である。170の物流センター，約350の営業倉庫，配送車両約3,000両を有している。

　大手食品会社は業の環境負荷低減に取り組んできたが，06年4月に施行された改正省エネ法への対応の一環として，配送車両の環境負荷数値の把握とその低減に取り組むことになった。ドライバーが携帯電話から走行距離や給油量な

第3章　日本の物流改革―グリーン物流を中心として―

図3－4　大手食品会社の物流改革の効果

「IT-Truck」による「情報のみえる化」は乗務員、管理者の更なる意識向上に役立っている

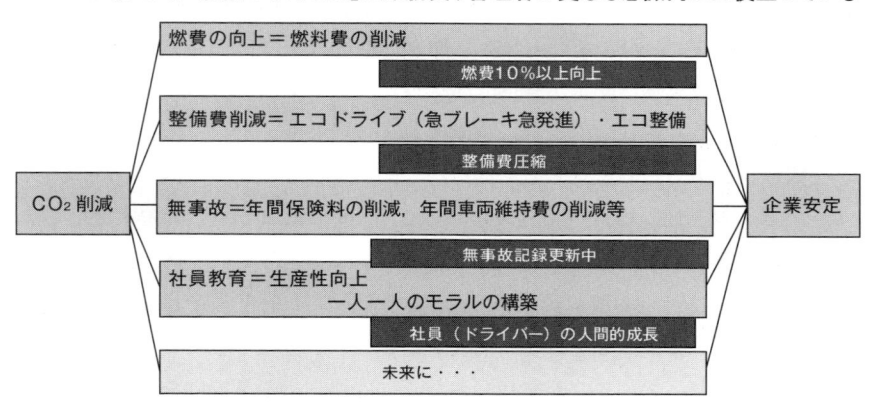

```
燃費の向上＝燃料費の削減
                燃費10％以上向上
整備費削減＝エコドライブ（急ブレーキ急発進）・エコ整備
                整備費圧縮
CO₂削減  無事故＝年間保険料の削減，年間車両維持費の削減等  企業安定
                無事故記録更新中
社員教育＝生産性向上
一人一人のモラルの構築
                社員（ドライバー）の人間的成長
未来に・・・
```

出所：大手食品会社人事総務部・物流統括部課長　山田英雄氏　07年9月4日第2回拓殖大学物流セミナーにおける講演配付資料より。

どを入力することにより，車両（エコトラック）毎，事業所（エコステーション）毎の排出量計算を行うことができる機能の開発にトライし，走行距離や車両台数を削減する仕組みを構築している。

　図3－4は，物流改革の効果を示したものである[9]。ITトラックを活用した省エネとCO_2削減の数値的把握によって，燃料費の削減によるCO_2削減にとどまらず，整備費削減や無事故，ドライバー一人一人のやる気の向上による生産性の増加，荷主企業，運送業者，協力企業とのコミュニケーションが深まったことによる一体感の向上などの効果が現われている。

③　カーボンフットプリントの先駆的取り組み[10]

　Carbon Footprints（CFP）とは「炭素の足跡」といい，調達から廃棄に至る商品のライフサイクルでどれだけのCO_2がかかったかレッテルに表示する制度である[11]。CFPの長所としては，①製品の原材料調達，製造，流通販売，使用・維持，廃棄リサイクルの各サプライチェーンでどれだけのCO_2を排出するか明確となり，各段階のエネルギー節約とコスト削減の一助となること。すなわち企業が他社と比較してCO_2を多く排出しているサプライチェーンの

工程を改善し，CO_2を削減しようとする企業行動が現れてくることが考えられる[12]。②ＣＦＰは可視化（みえる化）の制度化であり，商品を品質（Q），価格（P），サービス（S）だけでなく，環境の面からも評価できるようになること。市民の環境意識が向上すれば，環境にやさしい商品を購入しようとする消費者が現れ，低炭素社会の実現に貢献することになる。

一躍注目を集め始めたＣＦＰであるが，問題点がないわけではない。たとえば，①ビール会社の場合，小麦栽培時のCO_2排出量などすべての実データをとるのは困難であり，多くの企業を納得させるCO_2排出量の統一基準設定が簡単ではないこと，②消費者はCO_2の数字をみても何を意味しているのかわからないため，啓蒙活動を行って消費者にＣＦＰの意義を理解してもらうことが不可欠なこと，③ＣＦＰが成功するためには特定の企業ではなく世界の多くの事業者が参加することが求められることなどである。

2008年以降の景気後退を受け，「数億円かけてカーボンフットプリントを試行する価値があるのか疑問を呈する」企業も現れてきた。商品別ＳＣＭ別CO_2排出量という新しい知見を有するＣＦＰであるが，その導入に当たっては環境問題に対する高まりだけでなく世界経済の動向が深くかかわっている。

④　モーダルシフト

特定荷主における施策で比較的導入の意向が多いのが「モーダルシフト」である。モーダルシフトは輸送手段をトラックから鉄道や船舶に変えることを意味するが，そのメリットはトンキロ当たりのCO_2排出量がトラックと比べて少ないことがあげられる。トラックを1とすると鉄道は約1／8，船舶は約1／4になる[13]。省エネ法で要請された年平均1％のエネルギー使用量の削減を考えると，荷主がモーダルシフトを志向するのは当然の流れといえる。日本のコンテナ列車一編成当たりの輸送量は平均650トン。10トントラックに換算すれば65台分に相当する。現在1,000キロ以上の輸送距離では重量ベースで約38％が鉄道輸送の分担率となっており，なかには北海道と福岡を結ぶ2,100kmに及ぶ日本最長の貨物列車も運行されている。

2005年の物流総合効率化法で政府が立てた目標は，2010年度までにモーダル

シフトによって海上輸送量を54億tキロ（04年2,188億3,300万tキロ），鉄道コンテナ輸送を32億tキロ増加（05年211億5,760万tキロ）することであった。しかし，実際はどうであろうか。2008年時点で内航海運が1,878億6,000万tキロ，鉄道が222億6,000万tキロと，いずれも目標を下回っている。逆に言えば，トラックが2004年に3,276億3,200万tキロであったのが，08年に3,464億2,000万tキロと5％増加しているのである。モーダルシフトを推進する大手荷主の掛け声とは裏腹に，全体的にはなお輸送手段の転換が進んでいない。それは何故か。

　鉄道に関しては，「東海道本線や山陽線などの人気路線の輸送枠がとりにくい」，「コストがトラックに比べて高くなる」，「リードタイムが長い」，「10トントラックの代替として利用される31ftコンテナの取り扱い駅が少ない」，「貨物駅と貨物駅間のオンレール輸送を担当するＪＲ貨物と荷主～ＪＲ貨物間のオフレール輸送を担う通運業者との間でミスマッチが発生し，荷主側からコンテナの空き情報が見えにくい」といった問題がある。

　海上輸送のモーダルシフトも有明～苫小牧，大洗～苫小牧，追浜～苅田，千葉～水島，船橋～岩国，名古屋～新門司港など多くの路線で実施されているが，船の場合にはコストよりも特にリードタイムがネックとなっており，発荷主と着荷主双方の協力が不可欠となっている。モーダルシフトはコストに加え，リードタイムや積載量などサービス水準を落とさずに推進することが重要で，そのためには鉄道や船舶のオペレーションはもちろんのこと，車両の構造やコンテナ，物流インフラ，商慣習，政府規制と補助など総合的に検討し取り組んでいかなければならない。

⑤　アパレル国際輸送の新ビジネスモデル

　グローバルロジスティクスの国際物流に関係している点では，大手商社の事例が興味深い。この商社は，中国の各工場から東京の倉庫と物流センターへアパレル商品を輸送し，ここで検品，仕分け，各店頭への配送作業を行っていた。当時の輸送状況は，日本のバイヤーがセットした店着日に合わせ，中国の工場単位で輸送していたため，コンテナの半分にも満たない利用率に加え，週数回

図3-5 アパレル国際物流の新ビジネスモデル

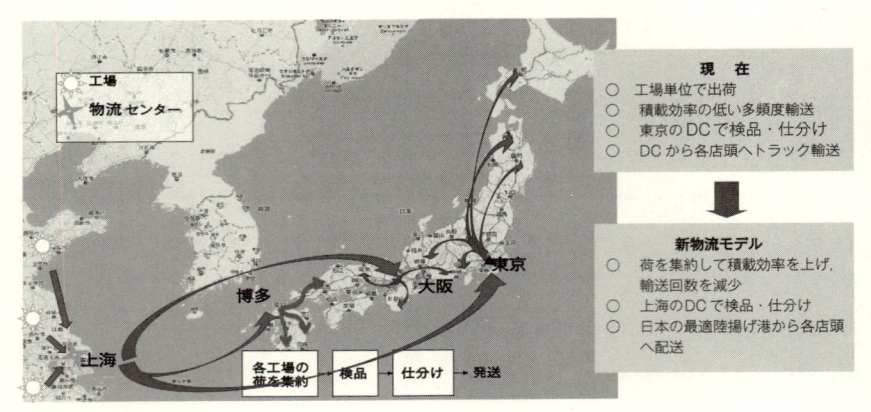

出所：筆者作成。

輸送するケースがあった。

　そこで，バイアーが必要とする週に合わせて店着日を決め輸送日をまとめるとともに，商品を中国上海の物流センター1箇所に集約し，荷札付け，バーコード検品，発送作業を実施する体制に転換した[14]。そして，上海から日本の店頭への最適な経路と輸送手段の選択を行ったのである。日本から中国への店別アソートにシフトしたことによって，次のようなメリットが現れてきた。①貨物の最適港揚げによる国内長距離輸送・横持ち輸送の削減，②貨物の積載効率向上による中国港から国内港への輸送頻度の減少，③納期を遵守しつつ航空機から船へ輸送するケースのモーダルシフトの実現。これらのメリットによって輸送費とCO_2の大幅な削減を達成することになる。

　中国の物流センターから日本の最終消費地までの効率のよい輸送手段と貨物の積み合わせの決定因子は，輸送ネットワークに関しては空路・航路・列車のダイヤ情報，所要時間，コスト情報，荷物に関しては出荷可能日時，最終納品先店舗，納品期限，容積，重量などが考慮されている。従来の経験と勘に基づいた国際物流の立案から計画精度向上に向けた業務改革が最適化エンジンの源泉となっているのである。

⑥ 輸配送システムの効率化

1990年代から2000年代にかけてアメリカ産業界はＳＣＭを推進することで競争力を強化した。この旗振り役が３ＰＬであり，たとえば従来協力トラック会社のドライバーに任せていたルート設定を過去のデータとトラックに搭載したＧＰＳを使ってリアルタイムに伝え，リードタイムを大幅に短縮するなど生産効率を高めた。運転手は安全性，集配時間の遵守度，通信衛星追跡能力，ＥＤＩ能力，クレーム処理が評価され，このＩＴソリューションが物流の大幅な生産性向上（10年間で31％の向上）を実現し，90年代のアメリカ経済の繁栄をもたらしたと言われている[15]。いわゆるグリーンＩＴである。

図３－６　配車業務の現状と導入後

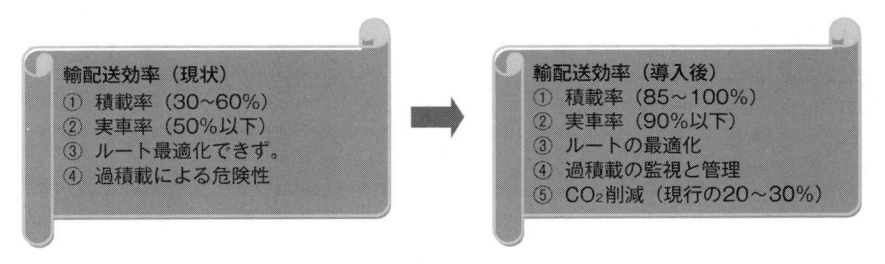

輸配送効率（現状）
① 積載率（30～60％）
② 実車率（50％以下）
③ ルート最適化できず。
④ 過積載による危険性

→

輸配送効率（導入後）
① 積載率（85～100％）
② 実車率（90％以下）
③ ルートの最適化
④ 過積載の監視と管理
⑤ CO_2削減（現行の20～30％）

日本においても2000年代に入って，使用車両にデジタコメーターとドライブレコーダー，ＧＰＳ付きＥＭＳ車載端末を搭載させ，急加速・急減速の防止とアイドリング停車の減少，安全運転の徹底，温度管理，輸配送中の見える化を実現するとともに，店舗とインターネット回線で結んだ配送センターの運行管理システムによって迅速かつ正確な配車，最適輸送経路の選択，店着時刻の予測と伝達，帰り便による調達集荷等が可能となっている。この種の輸配送管理システムの導入によって全国展開の総合スーパーグループは，図３－６で示したような結果（実績値）を得ている。すなわち，積載率においては30～60％から85～100％へ，実車率は50％以下から90％以下へ，ルートの最適化，過積載の防止，CO_2削減（現行の20～30％）などである。

こうしたシステムの最大のネックは，言うまでもなく導入コストが高いことであるが，新日本石油やファミリーマート，ＮＴＴロジスコ，キリン，イオン，

イナックス，ＪＡ全農，コスモ石油，ホクレンなど多くの企業が中・長期的にみた費用対効果を比較し導入を図っている。なおトラックの空車情報と貨物情報のマッチングにより，帰り便の積載効率を高める「求貨求車システム」の採用も，基本的にはこの種のシステムの活用によって実施できることを強調しておきたい。

⑦　リユース製品の強化

３Ｒの１つ「リユース」にも日本企業は力を入れている。たとえば，コピー機とタイヤである。具体的には，大手メーカーの複写機の中には新製品のほかにＲＣというシールが貼られた再生機がある。エンドユーザーのリース期間が終了した機種を解体して使用可能な部品を取出し，その部品を再度生産ラインに供給しながら組み立てた製品である。このうち部品として再利用できない場合には，他の材料としてリサイクルされている。こうしたリユースとリサイクルを合わせると，大手コピーメーカーの場合再資源化率は99％に達している。再生台数は2009年現在約1,500台であり，これは複写機全体の12％に相当している。

いま１つの事例はリトレッドタイヤである。タイヤの物流段階におけるCO_2排出量の割合は全体の0.1～0.2％であり，割合が大きいのが廃棄リサイクルである。このため，大手タイヤメーカーはリトレッドタイヤを導入し，廃棄するタイヤの削減を進めている。リトレッドタイヤは，新品と比較し性能自体はほとんど変わらない一方，製造時に必要な石油資源を68％削減することができる利点を有している。

自動車に常備されているスペアタイヤの９割も使用されずに廃棄されている。このため，大手メーカーはタイヤの新技術採用により安全性を高め，スペアレス化による省資源／軽量化を進めている。リトレッドタイヤとスペアレス化は，コストや環境負荷低減等で直接的なメリットがあるため，大口顧客であるトラックやバス事業者に普及させていく意向を示しているが，認知度はまだそれほど高くない。リユース製品の再販がメーカーとして提供できる環境ソリューションとして定着するか否かは再生機が新製品に対してどの程度の割合になる

第3章　日本の物流改革—グリーン物流を中心として—

かにかかっているとみる。

⑧　先端輸送機器の開発

　CO_2の削減においては技術的な側面も重要である。次世代自動車についてはハイブリッド，電気自動車，燃料電池車，クリーンディーゼル車の4種が開発され，2050年には水素自動車の割合が増加すると想定されている。大手運送会社の次世代自動車への取り組みは，2012年までに集配車の約半数（2万台）をハイブリッド中心の低公害車へシフトする目標を掲げており，2009年度の実績値としては11,538台（全車両比25.7％）を達成している。電気自動車は都内と寒冷地の仙台に2台導入し，現在実証実験を行っている。日本やアメリカにおける次世代自動車戦略で，EV車は走行距離が比較的短い領域で主流になると予測されているが，大型貨物自動車についてはバッテリー動力だけで対応することが困難なため，現実的にはハイブリッドでの対応が一般的になると考えられている。

　他方，次世代の船舶としてはスーパーエコシップが開発されている。これは，低速のディーゼルエンジン1機で駆動する既存船に対して，高速のディーゼルエンジン複数で発電しモーターを回転させる電気推進システムで，貨物スペース増減の自由度が大きく，また環境の面でもCO_2排出量20％以上，NOx排出量約4割，燃料消費20％以上削減と優れた環境性能と経済性を示している。

　新機軸の技術については，太陽光発電システムや空気潤滑油システムを搭載する実証実験が行われている。後者は，船舶の底に空気の泡を送りこむことにより，水の抵抗を軽減し燃費性能を高めようとするシステムである。また船舶の給電は，船側の燃料を使って発電機から供給する従来の方式ではなく，カーボンファクターが低い陸上から電力を取り込む「陸上給電」を採用している。その他未来（2030年）のコンセプトシップであるエコスーパーシップ2030には，風力や蓄電池，太陽光など多様なエネルギー源とともに，リードタイムを短縮するため港湾での陸揚げ時巨大船舶を分割する技術が想定されている。

⑨　MFCA

　まだ耳慣れないMFCA（Material Flow Cost Accounting）は，生産に伴って

67

発生する余剰マテリアル，電力料のエネルギーコスト，加工費などのシステムコスト，廃棄物処理コストの削減を推進し，原価低減と環境負荷の低減を同時に実現する手法であり，日本主導の唯一の国際規格として経済産業省と企業を中心に研究活動が進んでいる。

表3－3　MFCAのコストマトリックスの事例（製品1kg当たりの割合）

	マテリアルコスト	エネルギーコスト	システムコスト	廃棄処理コスト	計
良　　品（正の製品）	15.7%	4.7%	72.6%		93%
マテリアルロス（負の製品）	1.1%	0.3%	5.5%		6.9%
廃棄／リサイクル				0.1%	0.1%
小　　　計	16.8%	5％	78.1%	0.1%	100%

　表3－3は，あるメーカーの製品1kg当たりのMFCA計算結果を示したものである。ゴムのマテリアルは製品に93%，ロス（負の製品）に6.9%，廃棄／リサイクル0.1%の割合で現れている。このコストを生産過程（フロー）で振り分けると，天然ゴムや各種添加剤のマテリアルコスト（原材料）が16.8%，燃料・電気代などのエネルギーコストが5%，減価償却や労務費を中心としたシステムコスト（加工）78.1%，そして廃棄処理コストが0.1%となっている[16]。注目されるのはマテリアルロス「6.9%」の部分で，その内訳はマテリアルコスト1.1%，エネルギーコスト0.3%，システムコスト5.5%の割合となっている。全体のわずか6.9%に過ぎないが，ロスの部分を生産過程別に可視化することによって内訳がわかり，その結果対策を講じる分野が明確となってくるのである。この切り口から負の生産を縮小し，CO_2を削減していこうとする活動，すなわち「MFCA」が企業レベルで進行している。

⑩　エンドレスのリサイクルシステムの構築

　2009年ペットボトルのリサイクル率は約5割の50.9%である。これをたとえばポリエステル繊維にしてジャケットやズボンなどにリサイクルしても，従来は最終的に廃棄処分にされていた。そこで大手アパレルメーカーは，製品回収

後，化学的に分解，原料にまで戻すことで，何度でも新しいポリエステルに生まれ変わる終わりのない循環型リサイクルシステムを開発した。その製品化がすでに行われ，レディス向けリクルートシーツ，電車シート，エコバッグ，アウトドア衣料，スポーツアパレル商品として，日本にとどまらずアメリカ，カナダ，欧州とのメーカー，販売店との間で業務提携が進んでいる。まさにエンドレスであり究極のリサイクルと呼ばれている。最大の問題は回収コストが意外と高くつく点であり，東京で回収した古着をトラックと船便で愛媛県新居浜市に運び，ボタンやジッパーを外して原料に戻すリサイクルは作業量においてもコストの点においても無視できないほど大きなものとなっている。

既述の施策以外で目につくグリーン物流には「ＬＥＤ」もある。福島第一原発事故による節電で一躍注目を集めたＬＥＤであるが，大手コピーメーカーの場合にはすでに数年前からそのＢ／Ｃ（費用対効果）に着目し，積極的な導入を図っている。同社では，通常の電球に比べ初期投資は高くなるものの，消費電力が小さく３～５倍の長期利用が可能となるため，板橋の新規物流センターの照明（2,100個）すべてを電力消費量が少ない発光ダイオード（ＬＥＤ）に切り替えた。手軽にできるグリーン物流の施策は少なくない。

4　日本におけるグリーン物流の今後の展望

日本政府は2009年９月に開催された国連気候変動首脳級会合で，ポスト京都の目標として「2020年までに1990年比$CO_2$25％削減」を打ち出した。これを実現するためには，太陽光や風力など再生可能エネルギーの大幅な導入に加え，新たに原子力発電９基を新増設し計63基の原発稼働が前提となっている。

しかし，リーマンショック以降（2008年10月）の世界的な景気後退と2011年３月に発生した福島第一原発事故による電力危機を受け節電への関心が高まるとともに，地球温暖化対策への取り組みが停滞気味となっている。2010年12月28日，日本政府は「排出量取引制度を企業経営への行き過ぎた介入，マネーゲームの助長といった懸念があると指摘，国内の産業への負担や雇用への影響

を見極めながら慎重に検討すべきである」として実質的な導入を見送った[17]。企業側も物流改革の主流を占めてきたグリーン物流に対して，コスト引き下げや雇用の維持など景気対策と直結した物流改革を重視し始めている。日本ロジスティクスシステム協会のグリーン物流研究会参加企業数は，環境問題の高まりがピークに達した2009年以降明らかに減少している。

　視界不良の要因は，次のことも関連している。東日本大震災による部品供給連鎖の寸断と計画停電による企業の生産活動の低下，東京電力・東北電力管内で大口・小口需要家に前年比15％の節電を要請した政府の電力使用制限令の発令，電力を確保するため火力自家発電を増加させている企業，80円台を切った円高水準，高い法人税，ＦＴＡ／ＥＰＡの遅れなどであり，これらの５重苦あるいは６重苦が日本の今後のＣＯ₂排出量にどのような影響を及ぼすか。震災を踏まえた政府の長期的なエネルギー政策のグランドデザインも，まだ明らかになっていない。

　周知のように，2013年以降の温暖化ガス削減の枠組み（ポスト京都）交渉は，2011年末第17回国連気候変動枠組条約締結国会議（ＣＯＰ17）で議論されたものの先進国と発展途上国の対立が激しく，13年以降の国際枠組みが存在しない空白期間が生じる事態となった。分かっていることは，京都議定書の「2008〜12年ＣＯ₂排出量90年比６％削減」と，「ＣＯ₂排出量を抑制するためエネルギーを年1,500kℓ以上使用する事業者は年平均１％以上削減する義務」２点である。このため，いま問われるのは温室効果ガス対策の中で，先の２点を達成すべく有効なグリーン物流施策とは何かという点である。

　この点で，今後確実に増加してくるのが排出量取引である。ピーク時の使用電力15％削減を自家発電で補う企業が増加しているからである。東京，東北電力はもちろんのこと，ＪＲ東日本，ＪＦＥ千葉，ＮＴＴ東日本，新日本製鉄，キリンビール横浜工場，ソニー，東邦アーステック，那須ハイランドパーク…などである。自家発電は大半が軽油を使った旧式の火力発電である。このＣＯ₂排出量の増加とエネルギー使用量を年平均１％以上削減する政府の要請を両立させるためには，企業の枠を超えた協力が不可欠であり，この点で排出

図3-7　排出量取引

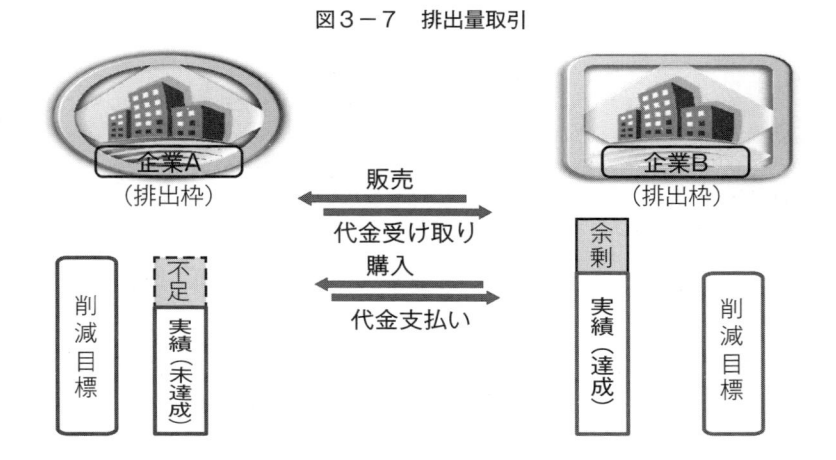

量取引が注目を集めている。たとえばソニーは、自家発電によるCO₂排出量増加を補うために群馬県のペレット工場にペレット製造機の資金提供を行うとともに、木材からできたペレットを購入し自社の発電機で軽油の代替燃料として使用している。

　排出量取引を示した図3-7からも明らかなように、排出量取引は取り決めたCO₂削減分を達成できなかった企業が達成した企業からCO₂を市場価格で購入する制度である。イギリスやEUはすでに導入済みであり、日本の環境省は2005年より自主参加型取引制度を開始している。その仕組みは、EU-ETS市場と同様にキャップ・アンド・トレード方式を採用し、まず、①工場・事業所からのCO₂削減にコミットする自主的な参加者を募る、②その参加者に対してCO₂排出削減をもたらす設備導入経費の3分の1に相当する補助金を支出し排出枠を交付、そして③実施期間に削減対策を実行、達成できなかった場合排出量取引を開始し、調整期間を経て事業完了となる。この場合のキャップ、すなわち初期割当量は、＝（当該工場・事業所の過去3年間の排出量の平均値）－（CO₂削減設備に基づくコミットしたCO₂削減量）で算出することになっている。日本には環境省のほか、大規模事業所にCO₂排出削減を義務付けた東京都の排出量取引制度（カーボンマイナス東京10年プロジェクト）がある。

図3-8　排出量取引の長所短所

長　　所	短　　所
○排出枠が確実に達成できる。 ○排出枠を決めると、その後は市場に任せることができる。 ○産業界の反対が比較的小さい。	○排出枠以上の削減インセンティブに欠ける。 ○取引費用が高い。 ○相場が不安定になる可能性がある。

　これは、事業所間の直接取引と省エネ事業所などの仲介による取引、2つが軸となっている。

　排出量取引は経済的手法であり、排出枠を決めるとその後は市場に任せることができるメリットがあり、また同様の経済的手法である環境税と比べ産業界の反対が少ない長所もある。他方、ガソリン購入時に揮発油税と同様に一定額を自動的に支払う環境税に対して、排出量取引の場合には取引パートナーを見つけ、未達成の分に応じてお金を支払うかたちになるため、取引費用が高くなる弱点を有している[18]。ただ現実には、年1％のエネルギー使用量削減義務をクリアするためには自社だけの対応では明らかに限界があり、排出量取引に踏み込まざるを得ない企業が数多く現れている。

　企業が今後重視するCO_2対策は排出量取引だけであろうか。図3-9は、輸配送に関連するグリーン物流施策のうち、日本企業が実際に利用している割合を示したものである。これは、2008年、09年に日本ロジスティクスシステム協会が86項目のグリーン物流の取り組み項目を企業に調査しまとめたものである[19]。すなわち、右にあるほど平均点が高い、つまり実施しやすいことを示している。最も多い実行が整備の「タイヤ空気圧（3.6）」と「エアフィルター（3.5）」、「エコドライブ活動（3.5）」、輸配送計画の「きめ細かい配車計画（3.4）」などであり、最も低い実行の施策が投資を必要とするハードの「バイオ燃料（1.8）」、「鉄道のモーダルシフト（2.4）」、積載率向上の「調達物流ミルクラン（2.4）」などである。

　中央にある「共同物流（3.0）」や「車両の大型化（3.1）」、「直送化と拠点経由の使い分け（3.2）」などのグループは実施可能であるが、実行するためには

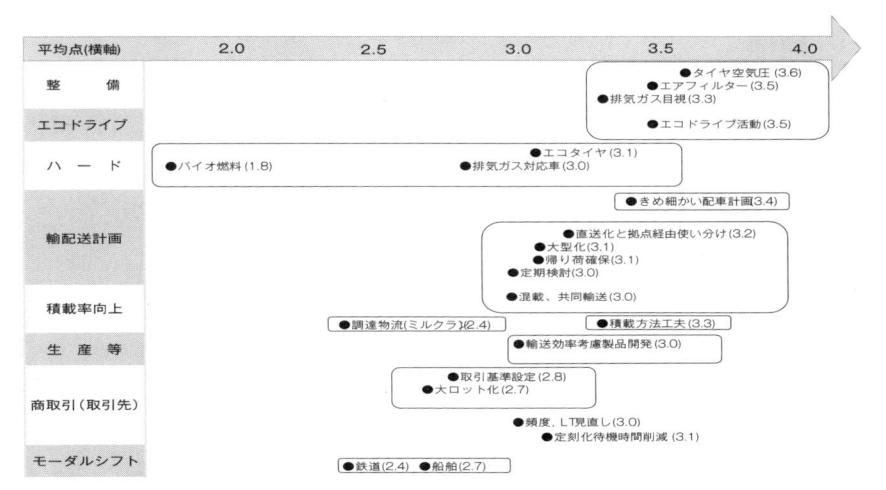

第3章 日本の物流改革―グリーン物流を中心として―

図3-9 輸配送関連の施策の平均点の分布

平均点(横軸)	2.0	2.5	3.0	3.5	4.0
整　　備				●タイヤ空気圧 (3.6) ●エアフィルター (3.5) ●排気ガス目視 (3.3)	
エコドライブ				●エコドライブ活動 (3.5)	
ハ　ー　ド	●バイオ燃料 (1.8)		●エコタイヤ (3.1) ●排気ガス対応車 (3.0)		
輸配送計画			●きめ細かい配車計画(3.4) ●直送化と拠点経由使い分け (3.2) ●大型化 (3.1) ●帰り荷確保 (3.1) ●定期検討 (3.0) ●混載，共同輸送 (3.0)		
積載率向上		●調達物流(ミルクラ)(2.4)	●積載方法工夫 (3.3) ●輸送効率考慮製品開発 (3.0)		
生　産　等					
商取引(取引先)		●取引基準設定 (2.8) ●大ロット化 (2.7)	●頻度，LT見直し (3.0) ●定刻化待機時間削減 (3.1)		
モーダルシフト		●鉄道(2.4) ●船舶(2.7)			

出所：矢野祐児「グリーンロジスティクスチェックリスト調査ＷＧ」，日本ロジスティクスシステム協会ロジスティクス環境会議，2010年，p.17の数値を基に筆者作成。

他部門や他社連携が必要であり，整備やエコドライブよりも点数が低くなっている。さらに「取引基準設定 (2.8)」や「大ロット化 (2.7)」，「ピークの平準化 (2.6)」などは発荷主と着荷主，運送業者，倉庫業者等他社との連携が必要であり，さらに点数が低く実現が難しいことを示している。

今後の環境問題への取り組みは，本来は大半の企業がすでに実施している施策よりは，実施していないもの，すなわち図3-9では数値が低い「取引基準設定 (2.8)」や「大ロット化 (2.7)」，「ピークの平準化 (2.6)」，「鉄道のモーダルシフト (2.4)」，「調達物流ミルクラン (2.4)」「バイオ燃料 (1.8)」などに関係企業間でスクラムを組みながら取り組んでいくべきであるというのが正論であろう。しかし，企業が地球温暖化対策に対して引き気味のスタンスである以上，大きな投資を伴うハードの改善や物流事業者にとどまらず取引先に協力を求める施策よりは，多くの企業が実際取り組んでおり，また今後も実行しやすい施策，「タイヤ空気圧 (3.6)」や「エコドライブ活動 (3.5)」，「エアフィ

ルター (3.5)」,「きめ細かい配車計画 (3.4)」,「直送化と拠点経由の使い分け (3.2)」や「車両の大型化 (3.1)」,「共同物流 (3.0)」などに引き続き取り組んでいくことが重要であると考える[20]。

たとえばエコドライブは，20数万円のデジタコ導入の初期投資はかかるものの，アイドリングストップや一定速度での走行を心がけ，急発進・急停止を回避するだけで，燃費向上やCO_2排出量の削減，事故防止等の効果が表れることが知られており，その効果は小さくない。エコドライブコンテストで優秀賞を受賞したトラック運送会社は，5年間で燃費が18.6％向上，車両整備コストが5年間で33.6％削減，その他事故の減少を報告している[21]。

今後注目を集めると思われる施策には「共同物流 (3.0)」もある。共同物流は，競合する企業間だけでなくグループ内企業間で行われ，物流事業者に加え，発荷主と着荷主の協力を必要とするが，日本ロジスティクスシステム協会の調査では「輸配送ルートの見直し」,「積み合わせの工夫」に続いて3番目に多くの企業が今後取り組んでいきたいと回答している[22]。生産と販売のそれぞれの戦略をやり尽くし，残された第3の利潤源である物流に眼を向け，同業・異業種間で物流コストを削減していこうとする日本企業の新しい動きである。2008年秋以降の景気低迷，従業員の雇用，電力危機と節電，円高等，企業が考慮せざるを得ない要因が出てきた以上，CO_2対策は大きなエネルギーを必要とする難しい対策よりも，コストを削減すると同時に地球温暖化対策にも寄与する施策に着実に取り組んでいくことが肝要であると考える。

本章では示していないが，3Rのうち企業が実行している割合が比較的高い施策は「有害物質を含まない素材使用 (3.4)」,「リターナブル・リサイクル可能な資材等の使用 (3.2)」,「薄肉化軽量化 (3.2)」,「簡易化＜通い箱等＞ (3.2)」,「包装削減を考慮した製品開発 (3.3)」,「輸送効率を考慮した製品開発 (3.0)」,「電力設備等省エネ機器の導入 (3.2)」,「無駄な生産，在庫，輸送削減 (3.1)」などである。制約下，企業が取り組むグリーン物流の施策はなお数多くあるが，重要なことはそれぞれの企業のCO_2削減目標を達成するために対策を絞り込んでいくことである。

5 おわりに

　日本は京都議定書によって「2008～12年の5年平均で90年比6％の温室効果ガス削減」を国際公約したが，2009年現在その状況は90年比－4.1％減で，まだ目標を達成していない。このうち日本の産業部門のＣＯ₂排出量は1990年時点で4億8,200万トンであったが，2009年には3億8,800万トンと実に－19.5％減少し，すでに部門別目標は大きくクリアしている。1972年のオイルショックの省エネ努力と同様，企業がそれだけ地球温暖化対策に意欲的に取り組んできた表れである。

　企業の今後の環境対策はＣＯ₂削減だけに絞るならば，すでに実行している施策に続いて，他の事業部や取引先との協力を伴う施策，あるいは投資を必要とする物流インフラの改善に拡大していくのが本来の取り組みであるが，リーマンショックや東日本大震災による景気の落ち込み，節電対策等，地球温暖化対策と同等かそれ以上に高度で緊急を要する課題が現れている以上，いま与えられている環境問題のハードル（制約条件）をクリアする施策を選択していくことが重要である。ここでいうハードルとは，京都議定書の公約と年1％以上のエネルギー使用量の削減義務である。

　だとするならば，自家発電によるＣＯ₂排出量とカーボンオフセットする排出量取引の導入と，地球温暖化の抑制に貢献するとともに企業にとっても実行しやすい施策，具体的には「エコドライブ活動」や「タイヤ空気圧」と「エアフィルター」，「きめ細かい配車計画」，「直送化と拠点経由の使い分け」，「車両の大型化」，「共同物流」などが今後の施策として注目されると考える。

（注）
1）　日本ロジスティクスシステム協会，「グリーンロジスティクスガイド」，JILS，2008年，p.2.
2）　環境省編「環境白書」，ぎょうせい，2011年，p.160.
3）　経済産業省資源エネルギー庁「改正省エネ法説明資料」，2009年5月，p.11.

4） クリーン開発メカニズムとは，先進国と発展途上国との間で排出枠の移転を許容する方式であり，その事例としてはトヨタやソニー，三菱商事，東京電力など33社が国際協力銀行，日本政策投資銀行と協力して1億3,500万ドルの「日本温暖化ガス削減基金」を創設し，この基金を通じて海外から排出権を買い取り，出資企業に配当として還元する取り組みを行っている。省エネ事業の対象としては，中国，韓国，ブラジル，インド，中東，アフリカで実施する風力やもみ殻発電所建設事業，廃棄物埋め立て処理場，炭鉱などで発生するメタンガスの回収事業などである。

5） 3Rへの取り組みについては，下記の文献を参照した。
筆者『基礎から学ぶ交通と物流』，中央経済社，2006年，pp.197, 198.

6） 環境省編「上掲書」，p.219.

7） グリーン物流研究会の施策一覧は，下記文献の研究テーマを参照した。
日本ロジスティクスシステム協会，「グリーン物流研究会活動報告書」，JILS, 2008, 2009, 2010年。

8） 代表的なグリーン物流の施策は，日本ロジスティクスシステム協会グリーン物流研究会配布資料を参考に筆者が作成した。

9） 大手食品会社　人事総務部・物流統括部課長　山田英雄氏　07年9月4日に開催された第2回拓殖大学物流セミナーにおける講演配付資料を要約。

10） サッポロビール（株）CSR部社会環境室長蜂須賀正章氏，拓殖大学経営経理研究所創立50周年記念講演会「CO_2の見える化－日本におけるカーボンフットプリントの先駆的取り組み－」，平成21年11月14日，要旨（文責芦田誠）参照。

11） カーボンフットプリントは，アメリカにおいても動向が紹介されている。
Council of Supply Chain Management Professionals, Supply Chain Quarterly, 2009, Jun.23.

12） SCMについては多様な定義の仕方があるが，コアは「ITを通じた財と情報のフロー」と「調達から回収に至る供給連鎖と関係企業の統合」2つである。James Wang, Daniel Olivier, Theo Notteboom, Brian Slack, Ports, Cities, and Global Supply Chains, Ashgate Publishing Limited, 2007, pp.11-17.

13） 輸送機関別エネルギー消費原単位については下記文献の数値を使用した。
日本物流団体連合会「数字でみる物流2010」，日本物流団体連合会，2010年，p.137.

14） アパレルの国際物流については，ほぼ同様の改革事例がアメリカにおいても取り上げられている。
Logistics Management Com., Best Practices "AND THE WINNERS ARE…", Logistics Management, Jun, 2008参照。

15） 芦田誠・ホンジンウォン「トラック運送会社の環境問題への取り組みと評価－日米韓を中心として－」，『交通学研究2000年研究年報』，日本交通学会，2001年，p.200.

16） 経済産業省「マテリアルフローコスト会計MFCA導入事例集ver.2」，経済産

第3章 日本の物流改革—グリーン物流を中心として—

業省産業技術環境局，2009参照。
17) 日本経済新聞「排出量取引導入先送り」，2010年12月29日アメリカの排出量取引の動きについては下記の文献を参照。
　　三橋規宏「環境経済入門」，日経文庫，日本経済新聞社，2007年，pp.61－64.
18) いま1つの経済的手法である環境税は，CO_2排出量の4％削減を目指して環境省が導入を検討している。身近な例で言うと，ガソリンは1リットル当たり1.52円，軽油1.72円／リットル，灯油の0.82円／リットル，電気は1キロワット時当たり0.25円などの税を導入，世帯当たりの税負担は月約250円，年約3,000円になるというのが環境庁のシナリオである。この提案に対して，「経済発展との両立が困難（経済産業省）」，「電気は生活必需品であり，税金をかけても電力使用量が減る可能性は低い（電気事業連合会）」などの反対が上がっており，当面先送りとなっている。
19) 矢野祐児「グリーンロジスティクスチェックリスト調査ＷＧ」，日本ロジスティクスシステム協会ロジスティクス環境会議，2010年，p.17.
20) アメリカの地球温暖化に対する交通物流分野の対策としては，①効率的な自動車の開発，②代替燃料の利用，③革新的な交通フローの改善（混雑の緩和，エコドライブ），④ＴＤＭ，⑤モーダルシフト，⑥イノベイティブな土地利用形態（コンパクトシティ）などが考えられている。
　　Matthew Barth and Kanok Boriboonsomsin, Real World Carbon Dioxide Impacts of Traffic Congestion, Transportation Research Record, No.2058, Environment and Energy, 2008, p.163.
21) 日本ロジスティクスシステム協会，グリーン物流研究会配布資料，2008年，6月18日，p.11.
22) 日本ロジスティクスシステム協会「省エネ法実態調査結果報告」，JILS，2008年，p.14.

〔参考文献〕
1．日本ロジスティクスシステム協会，「グリーンロジスティクスガイド」，JILS，2008年。
2．環境省編「環境白書」，ぎょうせい，2011年。
3．経済産業省資源エネルギー庁「改正省エネ法説明資料」，2009年5月。
4．芦田誠「基礎から学ぶ交通と物流」，中央経済社，2006年。
5．日本ロジスティクスシステム協会，「グリーン物流研究会活動報告書」，JILS，2008，2009，2010年。
6．Council of Supply Chain Management Professionals (2009), Supply Chain Quarterly, jun.23.
7．James Wang, Daniel Olivier, Theo Notteboom, Brian Slack, Ports, Cities, and Global Supply Chains, Ashgate Publishing Limited, 2007.
8．日本物流団体連合会「数字でみる物流2010」，日本物流団体連合会，2010年。

9. Logistics Management Com., Best Practices "AND THE WINNERS ARE…", Logistics Management, Jun, 2006, 2007, 2008, 2009.
10. 芦田誠・ホンジンウォン「トラック運送会社の環境問題への取り組みと評価－日米韓を中心として－」,『交通学研究2000年研究年報』, 日本交通学会, 2001年。
11. 経済産業省「マテリアルフローコスト会計ＭＦＣＡ導入事例集ver.2」, 経済産業省産業技術環境局, 2009年。
12. 日本経済新聞「排出量取引導入先送り」, 2010年12月29日。
13. 三橋規宏「環境経済入門」, 日経文庫, 日本経済新聞社, 2007年。
14. 矢野祐児「グリーンロジスティクスチェックリスト調査ＷＧ」, 日本ロジスティクスシステム協会ロジスティクス環境会議, 2010年。
15. Matthew Barth and Kanok Boriboonsomsin, Real-World Carbon Dioxide Impacts of Traffic Congestion, Transportation Research Record, No.2058, Environment and Energy, 2008.
16. 日本ロジスティクスシステム協会「省エネ法実態調査結果報告」, JILS, 2008年。
17. Marc J. Schniederrjans, Topics in Lean Supply Chain Management, World Scientific Publishing Co., 2010.
18. ohn Davies, Michael Grant, John Venezia, and Joseph Aamidor, Greenhouse Gas Emissions of the U.S.Transportation Sector, Transportation Research Record No.2017, 2007.
19. Geoffrey M.Morrison, Alexander Allan, and Rachel Carpenter, Abating Greenhouse Gas Emissions Through Cash-for-Clunker Programs, Transportation Research Record No.2191, 2010.
20. Lee Schipper, Moving Forward With Fuel Economy Standards, ACCESS, No.34 Spring, Transportation Research at the University of California, 2009.
21. UC Berkeley＞Energy@Berkeley"Securing our Energy Future"http://energy.berkeley.edu/, 2008.

第4章 物流の国際化と改革

1　はじめに

　サービス産業の1つである"物流"を研究対象として、まず物流の具体的な業務内容と仕組みを確認した上で、物流部門の労働生産性の推計とその評価を試みる。研究対象である物流の国際化は、ＷＴＯにおけるサービス貿易4形態のうち第3モード「海外現地法人が提供する物流サービス」の形態をとる。

　そこで次に、日系物流企業の海外進出のケースとして中国とベトナムを取り上げ、両国における日系物流企業の現状と課題を考察する。そして最後に、今後確実に増加するＦＴＡの進展によって海外進出日系企業の事業戦略がどのように変わるか、またそれを受けどのような物流戦略が求められるか考える。日本の物流が世界でもトップクラスの位置にあり、海外においても重要な役割を果たしている一端と、その課題が明確になれば幸いである。

2　日本の物流の評価

(1) 物流の位置

　企業がマーケティング活動を行うにあたって製品（Product），価格（Price），販売促進（Promotion），場所（Place），4Ｐｓが重要であると指摘したのは，1960年アメリカのE. Jerome McCarthy（ミシガン州立大学教授）である。いわゆるMarketing Mixである。マーケティング・ミックスの4Ｐｓのうち，場所に関係するのが物流（Physical Distribution）であり，生産，販売に続く，第3の利潤源として注目を集めている。物流は正式には物的流通と呼ばれ，原材料

の調達から使用済み製品の回収まで「モノの流通」に関係する経済活動を意味している。

経済は生産と消費から成り立っている。生産システムは企業が中心となって資源，原材料，部品を調達し，商品を生産，販売するのに対して，消費活動は必要な商品を購入し使用して不用になれば廃棄する。この生産システムと消費システムの過程で流動するモノを管理するのが物流であり，ロジスティクスは生産消費活動を支える屋台骨として位置付けることができる。物流をこのように捉えると，物流管理（Physical Distribution Management）の基本的な活動は，大別すると①在庫水準の確認，②倉庫保管，③発注業務，④輸送の４つの要素から成っており，さらに細分化すると，保管と輸送のサブシステムとしての荷役，輸送と保管両方に関係してくる包装，物流サービスに付加価値をつける流通加工，そしてすべての物流活動に関係する情報の８つから成り立っている。

図４－１　物流管理の業務

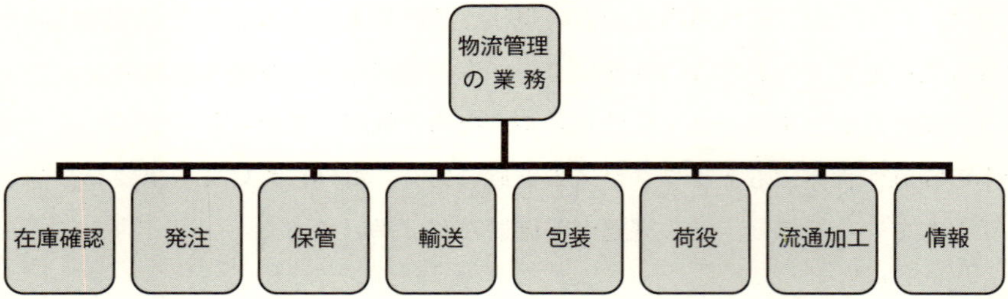

```
                    物流管理
                    の 業 務
    ┌──────┬──────┬──────┬──────┬──────┬──────┬──────┐
  在庫確認  発注   保管   輸送   包装   荷役  流通加工  情報
```

包装には商品の保護に加え，商品をアピールして購買意欲を高める商業包装と輸送や保管において貨物を保護する輸送用包装（工業用包装）がある[1]。荷役は輸送の端末や保管施設で行われる積み卸しである。流通加工は，ラベル貼りや袋詰め，冷凍保存など流通過程で行われる製品の簡単な加工作業である。そして在庫確認，発注，保管，輸送を有機的に結合し，物流活動を円滑に進める役割を担うのが情報である。

物流の範囲は，流通段階によって調達物流，生産，販売，回収物流の４つに分けることができる。また物流は，保管や輸送をアウトソーシングし専門の物流事業者が担う場合とインハウスで行う自社物流の２つがある。アウトソーシ

第4章　物流の国際化と改革

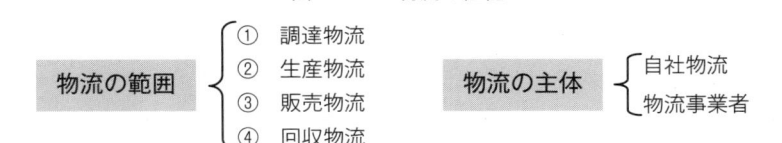

図4－2　物流の仕組

物流の範囲 ｛ ① 調達物流　② 生産物流　③ 販売物流　④ 回収物流 ｝

物流の主体 ｛ 自社物流　物流事業者 ｝

ングとは，コストの削減，高品質のサービス提供，自社のコア・コンピタンス（本業）の強化などを目的とする戦略的経営手段であり，一部の経営機能や業務の外部委託を意味している。メーカーが自社の物流を専門のトラック会社や倉庫会社にアウトソーシングするかたちが前者であり，荷主企業が自ら倉庫やトラックを持ち，物流業務を行うのが後者である。

　物流のアウトソーシング，すなわち物流を専門に行う事業者の種類と数，従業員数，営業収入は，表4－1の通りである。鉄道利用，外航利用，航空利用，自動車利用は自らはキャリーアとして実運送を行わず，もっぱら貨物を取扱う

表4－1　物流事業者の種類（2009年）

種　　類	事業者数	従業員数（千人）	営業収入（億円）
ト　ラ　ッ　ク	62,712	1,230	130,073
Ｊ　Ｒ　貨　物	1	6	1,370
鉄　道　利　用	967	6	2,562
外　航　海　運	202	6	39,738
外　航　利　用	631	4	2,600
内　航　海　運	3,940	22	8,819
港　湾　運　送	908	53	11,674
航　空　貨　物	23	35	1,611
航　空　利　用	159	13	5,653
トラックターミナル	17	0.5	297
倉　　　　庫	5,711	105	15,194
総　　　計	75,271	1,480.5	219,591

出所：日本物流団体連合会「数字でみる物流2011」，日本物流団体連合会，2011年，p.163の数値を使って筆者作成。

業務を行う業者であり，Forwarder（利用運送事業者）と呼んでいる。貨物取扱業者あるいは貨物混載業者という場合もある。港湾運送は船舶の貨物の積み下ろし，保税倉庫への搬入などを専門に行う業者であり，トラックターミナルはトラック運送業者が大量の荷物を方面別に仕分けするために使用する物流施設である。

　自社物流と物流事業者の比率はトラック台数でみれば83.1対16.9，物流コストで52.7対47.3となっており，製造業者や問屋，小売店が自社で物流を行っている場合が少なくない。自社物流では指揮命令系統が1本化されるため，生産＆販売計画が立てやすく，物流を弾力的に行うことができる利点がある一方，自社資源が物流にそがれ組織が肥大化するとともに，物流が非効率となり物流コストが増大する欠点を有している。物量が右肩上がりに増大した1970年代の高度成長期には，物流部門を子会社化し自社物流の方式が拡大したが，今日では荷主企業がアウトソーシングする傾向が強くなっている。競争が激しく本業に回帰して資源を集中しなければ，生き残れなくなってきたからである。物流は対象範囲によって4つに分かれ，物流業務を行う主体によって2つに分かれる。こうした市場構造と仕組みで，先の8つの要素から成る業務が行われているのが物流である。

(2) 日本の物流の評価

　経済産業省（商務情報政策局サービス産業課）の政策提言（2006／3／10）では，「日本のサービス産業の比率はOECDの中でも低く，サービス分野の成長は全体の経済成長に大きく寄与する一方，労働生産性は依然として低く，サービスの労働生産性を上昇させるためのサービス・イノベーションモデルの構築が急務である」としている。また中小企業庁（中小企業基盤整備機構）の政策提言（平成20年3月）においても，「サービス産業の意義が増大し，サービス産業の生産性向上への取り組みの必要性が今日の日本の最大の課題の1つである」としている[2]。

　OECDによると，「生産性（Productivity）」とは産出物を生産諸要素の1つに

よって割った商として定義され，一般的には労働を投入量として測った生産性（労働者1人1時間当たりの生産性）＝「労働生産性（Labor Productivity）」を指すことが多いとしている。物流部門の労働生産性を横断的にみると，2008年トラック輸送の27万640トンkm（3,464億2,000万トンkm／128万人）に対して，ＪＲ貨物のそれは370万9,330トンkm（222億5,600万トンkm／6,000人），内航海運853万9,050トンkm（1,878億5,900万トンkm／2万2,000人）となり，従業員1人当たりの労働生産性は大量輸送の内航海運が最も高くなっている。ただし，これらは輸送手段別に労働生産性を比較したに過ぎず，大量輸送か否かが数値に表れているに過ぎない。輸送時間や機動性，便利性などの諸要素が加味されていない。したがって，トラック輸送に比べ内航海運の労働生産性が高いといっても必ずしもこれだけで有効な輸送手段と断言することはできない。

　他方，物流部門の労働生産性を時系列でみると，2000年トラック輸送のそれは26万3,120トンkm（3,131億1,800万トンkm／119万人）であり，これを2008年と比較すると，この間1.03倍の生産性向上となっている。トラック輸送は輸送量を大幅に増加させている一方，従業員数もこの間9万人増加している。2000年ＪＲ貨物の労働生産性は316万2,290トン（221億3,600万トンkm／7,000人）で2008年と比較すれば1.17倍の向上。2000年内航海運のそれは863万1,110トンkm（2,416億7,100万トンkm／2万8,000人）で08年と比べ3％生産性が後退している[3]この悪化は，内航海運の従業員数が8年間で6千人削減されたものの，輸送量もこの間538億1,200万トンkm減少したことが色濃く影響している。輸送手段別労働生産性の時系列分析は鉄道が最も良い数値を示しているが，しかし鉄道の輸送量は8年間でわずか0.5％増加したに過ぎず，市場シェアは自動車の7.9％増に対して，鉄道は2％の増加にとどまっている。

　問題は，トラック輸送の1.03倍と鉄道の1.17倍の労働生産性の向上が，経済産業省や中小企業庁が指摘したように「商品（有形財）の労働生産性と比較すれば低い」としても，同部門の外国，たとえばアメリカと比較して高いのかどうかである。

　表4－2は，日米の輸送手段別労働生産性を示したものである。輸送量（ト

表4－2　日米の輸送手段別労働生産性

国	労働生産性（2008年） （トンキロ／従業員数）	労働生産性の増加率 （2008年／2000年）
日　本	トラック：27万640 鉄　　道：370万9,330 内航海運：853万9,050	1.03 1.17 0.97
アメリカ	トラック：154万5,631 鉄　　道：885万4,161 内航海運：588万8,000	1.15 1.13 0.68

ンキロ）を当該部門の従業員数で除した労働生産性は，2008年アメリカのトラックで154万5,631トンkm，鉄道885万4,161トンkm，内航海運588万8,000トンkmで，内航を除きトラックと鉄道でアメリカの労働生産性が日本を上回っている[4]。5軸6軸のセミトレーラーが多用されるとともに，鉄道においてもダブルスタックトレーンを使用するアメリカの輸送力の大きさが日本との差になって表れている。他方，時系列の数値は，アメリカの内航海運を除き日米両国で労働生産性の差はほとんど表れていない。日本の内航海運が2000年から08年の間でほぼ同様の輸送実績を示しているのに対して，アメリカは大きく輸送量を減らしているのが目立つ程度である。

　当該国の物流を比較する場合，コストの観点から総合的に評価する指標もある。図4－3は，諸外国のマクロ物流コストを示したものである。日本の2008年度総物流コストは44.2兆円であり，対ＧＤＰ物流コスト比率は8.9％となっている。時系列でみると，バブルがはじけた1991年の10.5％から2008年の17年間で1.6％減らしている。もう少し詳細にみると，1991年に10.5％であったのが，1994年から減少傾向を辿り2002年に8.3％に低下している。対ＧＤＰ物流コストは，景気後退時に物流コストがＧＤＰ以上に小さくなる場合もあるが，一般的には数値が低ければ低いほどそれだけＧＤＰに対して輸送コスト，在庫コスト，管理コストの総物流コストが小さく，物流が効率的に行われていることを意味している。

　2008年アメリカの総物流コストは13,440億ドルであり，前年より530億ドル

第4章 物流の国際化と改革

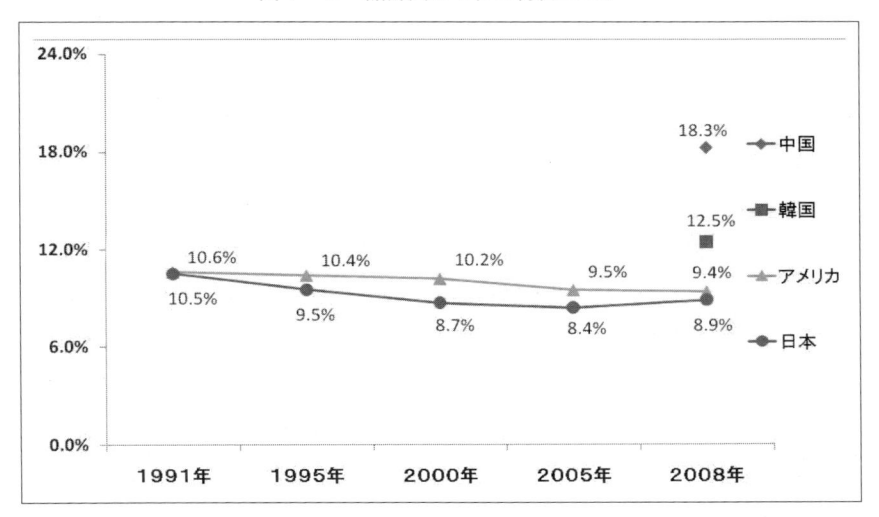

図4－3 諸外国のマクロ物流コスト

出所：日本ロジスティクスシステム協会「2010年度物流コスト調査報告書」，JILS，2011年，p.96の数値を使用して筆者作成。

減少した。内訳をみると在庫コストが大きく縮小しており，その背景には政策金利の大幅な引き下げによる在庫金利の減少が影響している[5]。2008年アメリカの対ＧＤＰ物流コストは9.4％と日本と同様に低く，物流が比較的効率的に行われている。同年中国の総物流コストは5兆4,542億元であり，うち運輸コストが2兆8,669億元と約半分を占めている。ＧＤＰに占める総物流コストの比率は18.3％と高く，日本やアメリカの倍程度の水準にとどまっている。仮に1元＝12円とすると，中国の総物流コストは65兆4,504億円となり，日本と同水準のＧＤＰに対して日本のマクロ物流コストの1.5倍の金額を物流につぎ込んでいる試算になる。他方，物流国家を標榜している隣国韓国の2008年総物流コストは1,283億ウォンであり，この数値はＧＤＰの12.5％と日米よりは高いものの，中国よりはかなり低い水準となっている。

物流の効率化を総合的にみる場合，マクロ物流コストの数値は有効な指標であるが，一歩踏み込んで数値の差がなぜ生じるか要因の分析となると，それは

簡単ではない。物流は道路，港湾，鉄道，空港などの物流インフラや輸送手段，物流機器の改善にとどまらず，労働慣行や商慣習によって影響を受けるからである。中国の国家経済貿易委員会運行局は，2003年の中国ＧＤＰ物流コストを約21.4％と推計したが，その数値は既述のように2008年に18.3％，直近のデータによれば2011年17.8％まで低下している。高速道路と港湾の目覚ましい発展に加え，外資の導入や物流機器，運営面の改善，自営転換によるところが大きいと考えられる[6]。

ＧＤＰ物流コストの日米間格差については，トラックと鉄道の労働生産性の数値に表れているように，輸送や保管，在庫，発注等のそれぞれの機能はアメリカの方が大量方式をとっているため効率性が高くなっているが，きめこまやかな対応や連動性の点では疑問符が付く。たとえば，横浜港とオークランド港を比較した場合，夕方５時を過ぎ30分程度のオーバーワークでコンテナの積み下ろしを完了することができる場合，日本はやり遂げるがアメリカは翌日回しとなる。８時間労働という契約制と港湾労働組合（Longshoremen's Unions）の諸慣行が影響を及ぼしている[7]。物流の効率化には多くの要因がかかわっており詳細な研究が必要であるが，日米の物流が世界の最先端に立っている一端はこれらの数値から読み取れると考える。

戦後，日本経済のリーディング産業は，1950年代は「石炭・繊維」，1960・70年代は「造船・鉄鋼・重化学工業」，80年代以降は「自動車・家電・光学機器」などであったが，90年代以降はリーディング産業不在となっている。2010年６月，経済産業省産業構造審議会は，世界市場をリードする日本の先端産業として「鉄道や原子力発電をはじめとしたインフラ輸出」，「アニメ・映画・ゲーム機のコンテンツなど文化産業」，「医療，健康，介護，子育てサービス」，「次世代自動車，燃料電池など環境・エネルギー」，「ロボット」の計５分野を指定した。サービス分野では健康介護，環境エネルギー，コンテンツなどを強調しているが，サービス貿易は広くは図４−４のように12分野が考えられる。

内訳は①実務サービス，②通信，③建設及びエンジニアリングサービス，④流通，⑤教育，⑥環境，⑦金融，⑧健康介護，⑨観光旅行，⑩娯楽・文化・ス

第4章　物流の国際化と改革

図4－4　サービス貿易の12分野

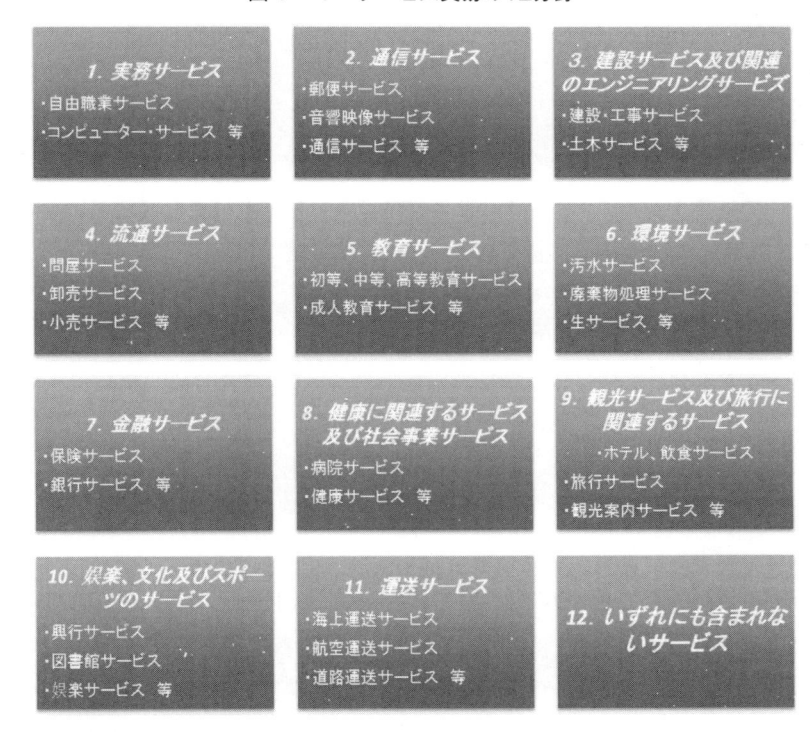

1. 実務サービス ・自由職業サービス ・コンピューター・サービス 等	2. 通信サービス ・郵便サービス ・音響映像サービス ・通信サービス 等	3. 建設サービス及び関連のエンジニアリングサービス ・建設・工事サービス ・土木サービス 等
4. 流通サービス ・問屋サービス ・卸売サービス ・小売サービス 等	5. 教育サービス ・初等、中等、高等教育サービス ・成人教育サービス 等	6. 環境サービス ・汚水サービス ・廃棄物処理サービス ・生サービス 等
7. 金融サービス ・保険サービス ・銀行サービス 等	8. 健康に関連するサービス及び社会事業サービス ・病院サービス ・健康サービス 等	9. 観光サービス及び旅行に関連するサービス ・ホテル、飲食サービス ・旅行サービス ・観光案内サービス 等
10. 娯楽、文化及びスポーツのサービス ・興行サービス ・図書館サービス ・娯楽サービス 等	11. 運送サービス ・海上運送サービス ・航空運送サービス ・道路運送サービス 等	12. いずれにも含まれないサービス

ポーツ，⑪運送，⑫その他のサービスである。このうち物流は，当然のことながら⑪の運送に該当し，その形態はＷＴＯにおけるサービス貿易4形態のうち，第3モード「業務用の拠点を通じたサービス提供」の形態をとり，海外現地法人が提供する物流サービスとなる[8]。

2011年ジェトロ世界貿易投資報告は，「2010年のサービス貿易が3兆6,639億ドルに達し大きく伸びていること，また2010年末日本の対外投資残高が金融・保険業，卸・小売業，鉱業，その他サービス業など非製造業で5割（53.7％）を超え海外展開を急速に拡大しつつある」と指摘している[9]。

87

3　グローバリゼーションと物流の国際化

　近年の世界経済の特徴は"Globalization"である。外国投資の障壁が撤廃されたことによって，多くの企業は国家の枠組みを超えた活動を繰り広げており，また国際貿易を妨げていた規則の多くが削減されたことにより貿易が拡大している。こうした企業の外国投資による企業活動の国際化と国際貿易の自由化を意味する言葉がグローバリゼーションである。

　1951〜2010年の日本の対外直接投資の実績額は8,304億6,400万ドルであり，海外に企業を保有している企業は製造業で48.5％，卸売業で29.1％に達している。2009年末現在，中国だけでも27,514社が進出しており，日本と東アジア，とりわけ中国，ASEAN 4（シンガポール，インドネシア，タイ，マレーシア）との間で生産分担のネットワークが構築されている[10]。注目されるのが世界の工場となった中国の物づくりに対する考え方が，近年ディープ・チャイナ（中国の内陸部に生産を移していくこと）と，中国一国に集中させるリスクを回避するためチャイナ・プラスワン（中国以外の国に生産を分散すること）と2極化してきたことである。この動きの中で，地価や人件費の安さから俄然注目され始めたのがドイモイ[11]で知られるベトナムであり，09年末現在ローテクとりわけ衣料，食品会社を中心にベトナム進出日系企業は1,046社に達している[12]。

　日本と東アジアの工程間分業のグローバル化は，部品の生産と調達を前工程，組み立てと検査を後工程とした場合，中国とASEAN 4は後工程が中心となっている。パソコンは，日本で設計した規格を台湾メーカーの中国工場に生産委託，日本に持ち込みソフトなどを組み込んで販売する方式が一般的となっており，テレビやビデオテープレコーダー，洗濯機なども同様の流れである。新々三種の神器として位置付けられるハイブリッド自動車，タブレッド型ＰＣ（スマートフォン・iPad），太陽光パネル等の高付加価値商品と短納期・小ロットに対応した供給品，知的財産商品だけが日本に残っているのである。以下，中国とベトナムを中心に日系物流企業の海外進出とその活動，役割をみてみよう。

(1) 中国進出日系物流企業

表4-3　東アジア3か国の比較（2010年）

国	人口	GDP	GDP／人	経済成長率
中　　国	13億4,757万人	5兆7,394億ドル	4,354ドル	9.2%
ベトナム	8,879万人	1,039億ドル	1,183ドル	5.9%
日　　本	1億2,782万人	5兆4,589億ドル	4万3,141ドル	－0.7%

注1：人口と経済成長率は2011年の数値。

　2001年のWTO加盟後，中国では世界の工場と市場として世界の有力企業の進出が加速しており，モノの動きが活発化している中国において生産，販売に次ぐ第3の利潤源として物流が注目されている。

　中国で「物流」という言葉が使われ始めたのは，改革開放路線への転換を決定した中国共産党第11期3中全会の翌年，1979年頃からであると言われている。計画経済下の中国では輸送はあっても，効率的に管理する「物流」という概念はなかった。メーカーや販売業者は自前のトラックで必要なものを輸送するのが一般的であった。92年に社会主義市場経済体制が提議され，外資系企業の投資が急増した95年頃から，経済を支える屋台骨としてロジスティクスは言葉だけでなくビジネスとして中国に浸透し始め，大きなブームとなった。

上海港　　　　　　　運送会社（大連）

しかしながら，物流概念の浸透とは裏腹に中国の物流はまだまだ後塵を拝している。前章で述べたように，2008年物流コストがＧＤＰに占める割合は日本が8.9％，アメリカ9.4％に対して，中国のそれは18.3％であり，物流の高いコスト構造，言い換えれば物流システムの効率化がまだ十分に進んでいないことを示唆している。荷主企業の在庫圧縮やリードタイム短縮の要求が高まり，また国民の生活水準が向上するにつれ，中国の物流は量的拡大から質的変化へ，また沿岸部の「点」からディープ・チャイナへの展開が求められている。

(2) 日系物流企業が直面する物流問題

　日本の物流企業が中国に進出したのは，1981年日新が北京事務所を開設したのが嚆矢である。以後85年に鴻池運輸が北京に駐在員事務所を開設し，また丸全昭和運輸が天津に合弁企業を設立，次いで86年に山九が天津に合弁企業設立と続き，2011年現在合弁（150社）および現地法人数（73社），日中総合物流２社，CAPA 26社，合弁海運企業32社など265社に達している[13]。

　中国における物流業務は，部品や完成品の輸送，倉庫保管，フォワーディングに加え，検品，通関などである。中国進出日系物流企業257社の取引先は，中国における日系企業27,514社の貨物が中心であるが，いずれそれも飽和状態となり，中国の大手物流企業約36,000社（中小を含めると約51万社）と競合することになろう。そのとき，日系物流企業がどのようなサービスと価格を提供できるか真価が問われる。

　日系物流企業の不満は，対中投資がピークとなった1995年当時は「中国政府の法律変更」や「税制の捉え方」，「通関手続き」，「長い審査認可期間」，「省際輸送の煩雑さ」，「中国下請け企業との関係」などが主流であった。これらを中国進出日系物流企業の古いタイプの問題とするならば，約800キロ離れた大連から長春へ，あるいは上海から2,600キロ離れた内陸部の成都への貨物輸送をトラック，鉄道，水運，いずれの方法でまたどういうルートで行うか，複荷（帰り荷）を如何に確保するかといった問題は，これまでとはまったく異なる新しいタイプの物流問題である。

第4章 物流の国際化と改革

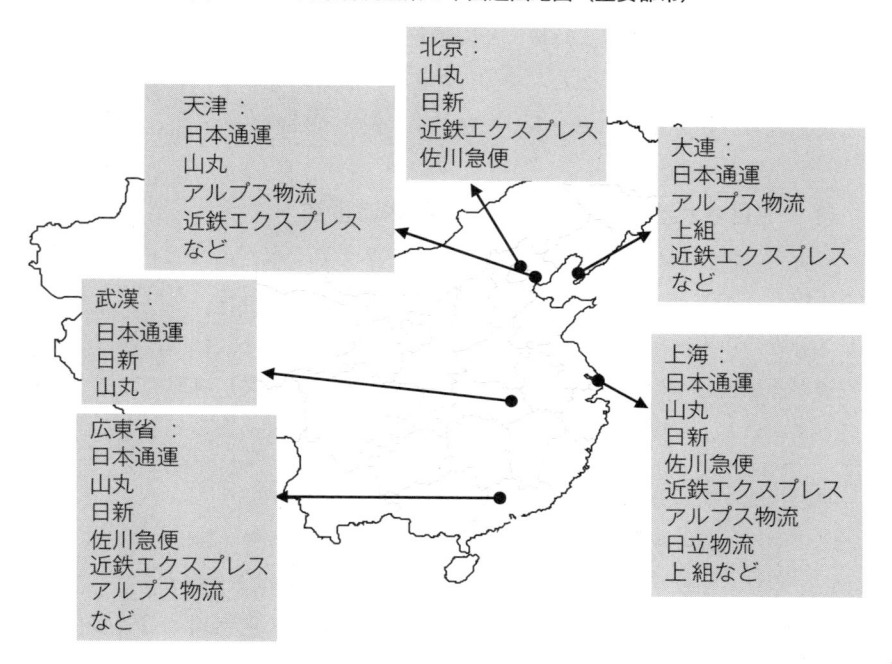

図4-5 日系物流企業の中国進出地図（主要都市）

北京：
山丸
日新
近鉄エクスプレス
佐川急便

天津：
日本通運
山丸
アルプス物流
近鉄エクスプレス
など

大連：
日本通運
アルプス物流
上組
近鉄エクスプレス
など

武漢：
日本通運
日新
山丸

上海：
日本通運
山丸
日新
佐川急便
近鉄エクスプレス
アルプス物流
日立物流
上組など

広東省：
日本通運
山丸
日新
佐川急便
近鉄エクスプレス
アルプス物流
など

　表4-4が示すように，中国における物流の課題は，物流インフラ，特に内陸部の高速道路の開発と物流ネットワーク網の構築，最新物流機器の投入とロジスティクス要員の育成，国際と国内物流の連携と総合物流（一括物流）の展開，ＳＣＭに関係する地元業者とのパートナーシップの確立，物流に関する政府の情報の透明化と迅速な許認可行政などである。

表4-4 中国における物流の課題

①	物流インフラ，特に内陸部の高速道路の開発と物流ネットワークの構築
②	最新物流機器の投入と要員の育成
③	国際物流と国内物流の連携，総合物流の展開
④	ＳＣＭに関係する地元業者とのパートナーシップの確立
⑤	物流に関する政府の情報の透明化と迅速な許認可行政

中国経済に人件費と物価の高騰，電力と水不足，人民元の切り下げ，原油価格の高騰とガソリン不足，地域・所得格差，環境問題，株価の急落，尖閣問題などのリスクが現われてきた。中国の物流が今後どのような変貌を遂げるかは，既述物流の課題とともにカントリーリスクの動きが注目される。

(3) 注目されるベトナム経済と日系物流企業

　ベトナムは，1986年社会主義に市場経済システムを取り入れたドイモイ政策を採択し，2006年11月ＷＴＯへの加盟が承認された。今後モノだけでなくサービス分野の市場開放が促進され，金融，情報通信，ホテル，観光，建設などの投資が一層進むものと思われる。ベトナムの優位性は，特に有能で勤勉な労働者が多いこと，中国との比較で人件費が約半分と安価であることである。

面　　　積：約33万km^2（九州・秋田県を除く日本の面積に相当）
民　　　族：53の少数民族から構成されるが，約90％はキン族。
宗　　　教：仏教（80％），カトリック，カオダイ（新興宗教）ほか。
行政区分：64省，5直轄都市（ハノイ，ホーチミン，ハイフォン，ダナン，カント）

　日系企業がベトナムに進出する理由は，中国の賃金増加，税制改革，反日行動などのリスク増加を背景として，労働費が安く，政治の安定，反日意識もなく，中国，ラオス，カンボジアの架け橋となる地理的位置などを考慮し進出している側面が強い。

　他方で，ベトナムに進出した日系企業が直面している問題点は，顕在化し始めたワーカーや中間管理層の不足，電力不足に加え，多くは「原材料・部品の現地調達の難しさ」と「調達コストの上昇」など物流問題である。ベトナム進出日系企業は部品調達の現地化を進めているものの，図4－6の通り2009年現在部品の現地調達率は24％であり，なお低い。ベトナム進出日系メーカーの部品調達は巡回集荷のミルクランではなく，部品を輸入し組み立てるノックダウン方式が一般的であり，物流のインフラや法整備がまだ遅れているため，部品

第4章　物流の国際化と改革

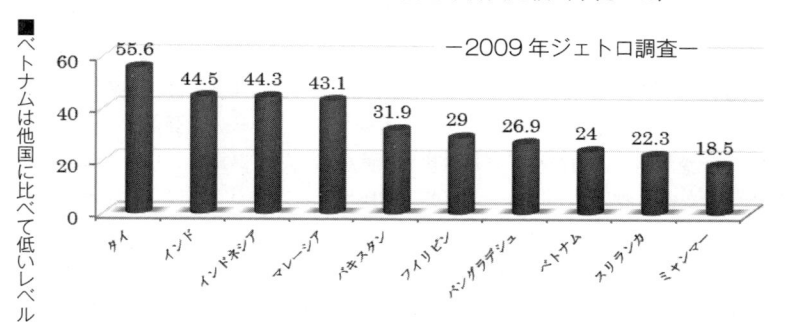

図4-6　進出日系企業の現地調達率各国比較（単位：％）

―2009年ジェトロ調査―

■ベトナムは他国に比べて低いレベル

- タイ 55.6
- インド 44.5
- インドネシア 44.3
- マレーシア 43.1
- パキスタン 31.9
- フィリピン 29
- バングラデシュ 26.9
- ベトナム 24
- スリランカ 22.3
- ミャンマー 18.5

出所：ジェトロホーチミン事務所「ベトナム産業分析」，時事通信社，2010年，p.16の数値を基に筆者作成。

調達には1，2週間かかることも珍しくない。

　ベトナムの原材料部品調達において注目されるのが，東西回廊でベトナムとリンクする中国である。2005年7月に発効したＡＳＥＡＮと中国のＦＴＡ（物品貿易協定）によってベトナムの有力な部品調達先として中国が台頭し，この業務もベトナム中国双方の日系物流企業が担うケースが多くなっている。2008年ベトナムの輸入相手国第一位は隣国中国であり，電子部品・コンピュータ関連品，プラスチック素材，履物・縫物の補助材料，生産機械・部品を含め取引額の総計は156億5,200万ドルに達している[14]。ＦＴＡは日本の部品メーカーを巻き込んだ受注競争を加速させ，これに日系企業がどう対応するか問われてくる。

　ベトナム進出日系企業は09年12月現在1,046社。たとえば，ベトナム国内市場販売型として位置づけられる「エースコック㈱」は，1993年12月に国営企業と合弁企業を締結し，95年から生産を開始した。2000年8月から販売を開始した「HaoHao（国内即席麺で約60％の市場シェアを獲得）」により，国内で確固としたポジションを確保し，北のハノイ近郊，南のホーチミンに続き，中部ダナンでも新工場が稼働している。現在では国営企業の民営化に伴い，100％出資の外資系企業として活動している。

表4-5　ベトナム進出主要日系企業（一部）

ソニー　佐川急便　フジタ　トヨタ自動車　商船三井　富士通ＰＣ　三菱自動車
清水建設　マブチモーター　ホンダ　住友建設　丸紅　花王　住友商事　松下電工
ワコール　大正製薬　松下電器産業　日本電産　デンソー　三菱重工　日新電機
電通　三菱商事　豊田技研　三菱鉛筆　三菱東京　ＵＦＪ銀行　リズム時計工業
東京海上　三井物産　ＪＵＫＩ　東芝　村田機械　コクヨ　ＴＯＴＯ　明治乳業
ＮＴＴ　石川島播磨重工業　トーメン　ビクター　フジゼロックス　豊田通商
味の素　大林組　ニチメン　いすず　大塚製薬　日本航空　伊藤忠商事　加ト吉
ニチレイ　日本電産コパル　リコー　ロート　日本通運　鹿島建設　ＹＫＫ
熊谷組　エースコック　イノアック・コーポレーション　日本郵船　川崎汽船
監査法人トーマツ　ニッセイ　キャノン　日商岩井　シャープ　協和発酵　博報堂
トーエネック　久光製薬

　ベトナムの物流企業数は現在約1千社であり，うち80％は民間企業で大半は中小企業である。このうち，日系メーカーの輸送，保管，通関を主要業務とするのが日系物流企業であり，11年現在日通，佐川急便，ドラゴンロジ（住友系），山九，日新，日本ロジテム等35社が進出している。日系物流企業で初めてベトナム（ハノイ）に進出したのが1994年日本ロジテム㈱である。Logitem Vietnam Corp. No.2 は，トラック運送業やフォワーディング，日越間の複合一貫輸送業務，倉庫事業，輸出入通関事業に加え，2007年からはアジアハイウェイ（東西回廊）の開通に伴ってタイ・ベトナム，中国／ベトナムの定期陸上輸送サービスを開始している。

　ベトナムの物流インフラについては地域格差があり，管理経営が画一化していないこと，鉄道，港湾など老朽化がすすんでいること，河川港であり巨大船舶化に障害がでていること，ソフトインフラについては通関所要時間が通常半日〜2日程度かかるとことなど山積している。インフラ投資では東西，南部，中越回廊3つのプロジェクトが注目され効果も期待できるが，計画・土地の収用・建設・現物の引渡し作業の遅れ，技術伝授，安全管理，建築の監査上の不備，賄賂など壁も大きく，インフラ整備の推進は簡単ではない。

第4章　物流の国際化と改革

ベトナム日本通運

ホーチミン市郊外の「日通ソンタン・ロジスティクス・センター」。
延床面積は1万3,243㎡。

　ベトナムにおける物流インフラの整備は日本のODA（政府開発援助）を中心に推進されているが，それらは中越国境の3ルート，ベトナムを南北に結ぶ国道1号線，ミャンマーからタイ，ラオス，ベトナムに至る東西回廊，そしてハイフォン，カムラン2大港の港湾整備を軸に展開されている。ベトナムが，2010年代東アジアを牽引していくためには，物流や電力，水道などのインフラ整備と，投資や貿易，物流などソフト面の規制緩和と法整備を積極的に進めていかなければならない。

図4－7　ASEAN物流ネットワーク

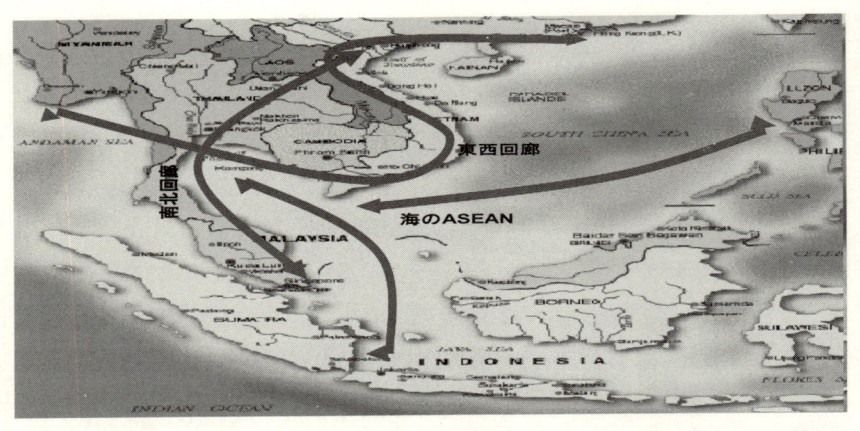

出所：ジェトロ「ASEAN物流ネットワークマップ」，ジェトロ，2007年，p.4の図を基に筆者作成。

4　東アジアにおけるFTAの展開と日系企業の物流戦略

　日本がTPP（環太平洋戦略的パートナーシップ）に参加するか否かの議論がスタートした。FTAへの参加は世界の潮流であり，日本が通商国家を標榜する限り早晩参加していくことにならざるを得ないと考える。その場合FTAの締結によって変わってくるのが海外進出日系企業の事業戦略と物流戦略である。
　2010年1月ASEAN＋1が発効した。日本，中国，韓国，オーストラリア，そしてインドが関係するASEAN＋1の地域は人口で世界の48.2％（2010年），GDPで23.9％（09年）を占め，世界経済の成長エンジンとして一躍注目を集め始めた。日本のFTAは2011年10月現在，12件発効している。2002年11月に発効したシンガポールとのEPAを皮切りに，05年のメキシコ，以下マレーシア，チリ，タイ，ブルネイ，インドネシア，フィリピン，ASEAN，スイス，ベトナム，インドとの協定が発効済みであり，ペルーとも2011年5月に合意に達した。交渉中はサウジアラビアなど中東6か国（湾岸協力会議）とオースト

ラリア，EUであり，韓国とは04年に中断，再開をめざしている。今後は２国間のＦＴＡにとどまらず，ＴＰＰ（環太平洋戦略的パートナーシップ）やＡＰＥＣを中心としたアジア太平洋自由貿易圏（FTAAP）構想や東アジアＥＰＡなど広域的なＦＴＡへの参加も求められてくる[15]。

(1) ＦＴＡによって変わる日系企業の経営戦略

ＦＴＡの展開によって企業の事業戦略がどのように変わるかの定説はないが，ＦＴＡが企業の事業戦略を左右することは間違いない。2010年ジェトロ「世界貿易投資報告」は，ＦＴＡによって「ASEANを拠点とした事業展開の拡大」と，「域内での生産拠点の集約化の動きが起きてくる」と指摘している[16]。前者はASEAN＋１およびその周辺国への輸出の増加によるものであり，後者は域内関税の撤廃によって最も効率的に生産できる拠点に集約し，そこから輸出するインセンティブが働くからである。まずその事例をみてみよう[17]。

① 〈日系企業の海外生産拠点を活用した輸出拡大：タイ／オーストラリアのケース〉

タイと豪州のＦＴＡは，2002年に交渉を開始し05年１月に発効した。オーストラリアの乗用車関税率は2004年までが15％，協定が発効した05年から10％，2010年から５％となっている。日系自動車メーカーは，タイからの輸出コストが日本からの輸出コストよりも低いため，関税が下がった2005年からタイで生産する乗用車の豪州向け輸出を加速し始めた。日本とオーストラリアの間の現行関税率は乗用車10％，商用車５％，自動車部品（乗用車）10％で，乗用車で５％高くなっている。2007年にタイがＦＴＡを利用して輸出した金額は147億5,670万ドル。このうち豪州向けが27.6％の40億6,670万ドルを占め，またＦＴＡ利用率（ＦＴＡ利用輸出額／輸出総額）は対インド14.0％，中国11.1％に対してオーストラリア66.2％と，豪州との貿易でＦＴＡの効果が最も顕著に現れている[18]。オーストラリア向け輸出品目でＦＴＡ利用率が高いのは自動車を筆頭に，エアコン・同部品，加工保存用魚，宝石・宝飾品などである。

本ケースは東アジアに進出している日系企業が海外の生産拠点を利用し輸出

拡大に乗り出した事例であるが，この事業戦略が功を奏した理由は生産コスト，輸送費，関税の総商品コストが日本よりタイの方が低かったことが挙げられる。この条件をクリアしたケースでは，今後も日本を介さない迂回輸出（3国間輸出）が増加することが想定される。ＦＴＡの締結はどこから貿易を行うか，拠点戦略の事業戦略が問われてくる。

② 〈生産拠点集約化：ASEAN／インドのケース〉

　日系家電メーカーが2004年にインドでの薄型テレビの生産を中止し，タイとマレーシアからの完成品供給に切り替えた。また2008年にはＡＦＴＡ原産地規則の緩和，ベトナムの輸入・卸売事業の自由化を受けベトナムでの薄型テレビの生産を停止し，タイとマレーシアからの供給体制に切り替えた。さらに2010年1月，ASEAN／インドのＦＴＡが発効したことによってマレーシアからインドへの輸出が無税となりタイの生産を終了，マレーシアに生産拠点を収斂した。

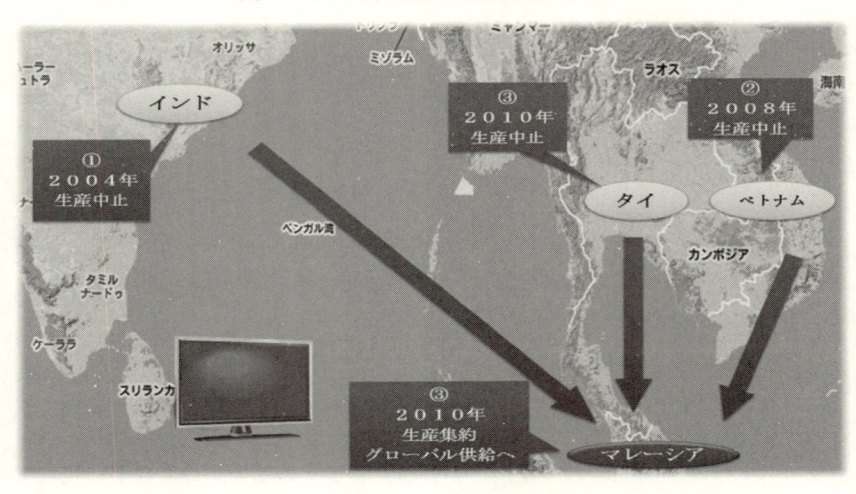

図4－8　日系企業の生産拠点の集約化

出所：林俊雄「ＦＴＡ／ＥＰＡを活用した海外事業戦略」，日本総合研究所，2010年，p.17を参考に筆者作成。

本事例は，ASEAN＋1のＦＴＡの発効と市場経済の発展に伴って事業戦略を見直し，ＴＶ生産拠点を集約したケースであるが，この事例では生産拠点の集中によるスケールメリットが少なくとも増加する輸送費を上回ることが有効な事業戦略の条件となってくる。自動車部品メーカー「デンソー」は，関税撤廃で同一の部品をＡＳＥＡＮ各国で作る必要がなくなり，小型部品はタイとインドネシアに集約し，アジア，中国，インドのＦＴＡを利用したアジア全体の生産体制の構築に着手している。ＦＴＡの進行とともに日系企業のグローバルな供給体制を再編する動きが顕著となってくる。

表４－６　ＦＴＡと日系企業の事業戦略（一部）

○海外生産拠点を活用した輸出拡大
○生産拠点の集約化
○原材料部品調達先の変更
○増大する貿易，特に新興市場のボリュームゾーンをターゲットにした対応
○国際統括本部や地域統括本部のＡＳＥＡＮ諸国へのシフト
○投資条件の改善による直接投資の増大

　ＦＴＡによる日系企業の経営戦略は，海外生産拠点を活用した輸出拡大，生産拠点の集約化に加え，原材料部品調達先の変更，アセアン＋1域内の増大する貿易，特に新興市場のボリュームゾーン（中堅・地方都市の中間所得層）への対応，日本・中国・シンガポールを中心とした国際統括本部（International Headquarters），地域統括本部（Regional Headquarters）を他のＡＳＥＡＮ諸国へシフト，投資条件の改善による直接投資の増大などのかたちでも現れる。後者の企業海外直接投資は，人件費を中心とした生産コストの高騰，為替変動（円高），物価上昇，法人税の減免，貿易摩擦や労働争議などリスク分散を目的として行われるが，投資環境の改善によっても影響を受ける[19]。

　関税障壁が撤廃され市場が拡大するとともに，ＥＰＡによって外資の出資比率が緩和され法人税が減免されると，製造販売拠点の確保を目的とした直接投資が増大する。タイの製造業関連サービスの外資出資比率は原則として49％以下に制限されていたが，日本／タイＥＰＡによる出資規制緩和によって卸小売

業は日本資本75％，物流コンサルタントは51％まで出資可能となった。日本からタイへの企業進出は2000年代前半が最も多かったが，2008年と09年だけでも567社が進出している。

(2) 日系企業における物流戦略の課題

　ＦＴＡを締結し成長する東アジアの需要を取り込んでいくためには，域内の生産工程をつなぐサービス・リンクコスト（輸送費や通信費）の低減が不可欠となってくる。このためには，物流にコスト・ミニマム化と高付加価値のグローバル・ロジスティクスが求められてくる。具体的な課題としては，物流インフラの改善，物流・流通網の再編（分散した消費地へのアクセス強化），地元有力パートナーと人材の確保，総合物流，ＩＴ化などである。

　まず東アジアの物流は，国際ロジスティクスの視点からモノの動きがシームレスになるように物流インフラの整備を推進しなければならない。かつて2004年当時上海や青島港，釜山港など多くの東アジア港湾でみられた滞貨や積み残し，遅配，時間ロスなどがあってはならない[20]。また現在の日本港湾のように，コストが高雄・釜山港より約35％高く，船舶が入港してから貨物が出ていくまで２，３日かかっているようでは，これまた効率的な国際物流とはいえない。この点では，とりわけ物流のハードと通関の電子化，原産地証明書発給手続の簡素化を進めていくことが必要である。

　物流・流通網の再編では既存の物流チャネルを見直し，新チャネルに対してＩＴを活用し受発注，要員の配置，作業動線，輸配送などを効率的に管理し，剰余在庫の圧縮とリードタイムの短縮を図っていくことが求められる。新市場でビジネスを展開するためにはＳＣＭに関係する地元業者とのパートナーシップも重要である。いかなる最新物流機器を導入しても，人的ネットワークがなければ事業を効率的に進めることはできない。この点，海外進出国の国内企業との合弁企業設立や経営上層部への現地スタッフの登用もポイントとなってくる。現地の習慣や交渉の進め方等のノウハウを理解することによって，荷主企業を成功裡に導くことも海外進出日系物流企業が担う役割である。

表4－7　東アジアにおける物流の課題

○物流インフラの改善（ハード，通関の電子化，原産地証明書発給手続の緩和など）
○物流・流通網の再編（新市場へのアクセス強化，グローバルＳＣＭの推進）
○地元有力パートナーとの連携と有能な人材確保
○総合物流（インターモーダル，輸送・保管・流通加工の一括引き受け）
○ＩＴ化（輸配送管理システム，可視化など）

　物流の総合化も今後の改革のキーワードになってくる。輸送手段においては船舶だけでなく，航空機，トラック，鉄道，場合によってはASEAN特有のバイク便があってよい。多種多様なモードの組み合わせという意味での総合は重要である。もう１つは，輸送と保管，値札はり・ボタン付けなど流通サービス，在庫管理，発注，注文・発注書・トレサビリティの提供など情報サービスの総合化である。この２つの意味での質の高い総合物流を如何に提供できるか，ASEAN＋１の日系物流企業に求められてくる。

　中国トヨタの取り組みは，①効率化（鉄道，内航船など大量輸送モードの活用），②融合（共同輸送，クロスドックシステム），③可視化（ＩＴによるパフォーマンスの向上），３つがキーワードになっている[21]。効率化，融合，可視化は，中国だけでなく今後の東アジアの物流を考える上でカギになってくると考える。内需旺盛な東アジアが世界をけん引していくために物流が果たす役割は今まで以上に大きくなっている。

5　おわりに

　2010年６月経済産業省産業構造審議会は，日本をけん引する先端産業として「鉄道や原子力発電のインフラ輸出」，「アニメ・映画・ゲーム機などのコンテンツ産業」，「医療，健康，介護，子育てのサービス産業」，「次世代自動車，燃料電池など環境・エネルギー」，「ロボット」の計５分野を指定した。物流も，医療，健康，介護，子育てと同様に日本経済の屋台骨を支えるサービス産業の

1つである。

　日本の物流はマクロ物流コストの数値に典型的に表れているように，世界においてもトップクラスの位置にあるが，その輸出形態は実際に物流会社が海外に進出し物流拠点でサービスを提供する方式となる。本章で取り上げたケース・スタディの中国においてはすでに265社，ベトナムには35社の日系物流企業が進出し，現地日系企業の原材料，部品，完成品のフォワーディング，保管，通関を中心とした業務を行っている。

　他方，日本のＦＴＡ締結が加速していく中で海外進出日系企業の事業戦略は海外の生産拠点を通じた迂回輸出と生産拠点の集約化が顕著となっている。この点で物流は，今後ハード，通関の電子化，原産地証明書発給手続の緩和など物流インフラの改善，物流・流通網の再編，地元有力パートナーとのコラボレーションの構築と人材の確保，インターモーダルと輸送・保管・流通加工の一括引き受けの総合物流の推進，輸配送管理や可視化などＩＴ化が強く求められてこよう。物流が果たす役割は日本にとどまらず海外においても一段と重要性を増している。

（注）
1）　物流業務の分類は論者によって異なる。在庫管理，発注，保管，輸送４つに分ける研究者もいる。
　　Geoff Lancaster and Paul Reynolds, "Marketing", Butterworth Heinemann 2002, p.193.
2）　共同研究主査・武上幸之助教授配布資料参照。
3）　労働生産性は，下記文献の数値を使って算出した。
　　物流問題研究会「数字でみる物流2003」，日本物流団体連合会，2003年。
　　日本物流団体連合会「数字でみる物流2010」，日本物流団体連合会，2010年。
4）　U. S. Department of Commerce, Statistical Abstract of the United States 2004 −05, Government Printing Office, pp.676−670, 同書2010, pp.655−659の数値を使用して算出した。
5）　日本ロジスティクスシステム協会「2010年度物流コスト調査報告書」，JILS, 2011年, p.94.
6）　日通総合研究所「中国物流の基礎知識」，大成出版社，2004年, p.152.
7）　William Laventhal,Sotiris Theofanis, and Maria Boile, Trendsin Global Port Operations and Their Influence on Port Labor, Transportation Research Record

第4章　物流の国際化と改革

No.2166, Transportation Resear ch Board, 2010, pp.37-42.
8)　ＷＴＯは，サービス貿易モードを越境取引，国外消費，商業拠点，人の移動4つに分類しているが，物流はこのうち海外現地法人が提供する第3モード（商業拠点を通じたサービスの提供）の形態をとっている。経済産業省ＷＴＯ文書番号Ｓ／Ｃ／Ｗ／105）参照。
9)　ジェトロ「世界貿易投資報告2011年版」，ジェトロ，2011年，pp.14,97.
10)　中国進出日系企業数については，下記文献の数値を使用した。
　　中国研究所『中国年鑑2010』，毎日新聞社，2010年，p.369の直接投資件数の数値を使用。
11)　ドイモイ（ベトナム語：Đổi mới,「刷新」の意）は，1986年のベトナム共産党・第六回大会で提起されたスローガンであり，主に経済（価格の自由化，生産性の向上など），社会思想面で新方向への転換を意味する言葉である。
12)　ベトナム進出日系企業数については，下記文献の数値を使用。
　　ジェトロホーチミン事務所「ベトナム産業分析」，時事通信社，2010年，p.14.
13)　中国進出日系物流企業数の数値は，下記の文献を使用。
　　和久田佳宏「国際輸送ハンドブック2012年版」，オーシャンコマース，2011年12月，pp.600-655.
14)　日越貿易会編「2008年ベトナム統計年鑑」，ビスタビーエス，2010年，p.433.
15)　日本の場合ＦＴＡ交渉の最大の壁となっているのが農業問題である。2015年日本の食糧自給率の目標は45％であるが，09年現在40％。日本は米778％（ミニマムアクセス約77万トン），雑豆400％，粗糖300％，小麦250％など非常に高い関税を課している。実際のＦＴＡ交渉では，「米，麦，牛肉などの農産品を除外」あるいは「輸入額の90％以上の品目で関税を即時撤廃，10年以内に95％以上に撤廃品目を拡大する」といったように一定の留保条件を担保しているが，農産品輸出国とのＥＰＡ交渉でこの手法が通じるかどうか。農家一戸当たりの経営面積が日本はＥＵの10分の1，米国の100分の1の規模である。韓国は補助金で農家の収入を穴埋めする仕組みを導入したが，日本は農地の大規模集約と農家の所得補償（生活支援），輸出拡大に向けたサポート3本柱を中心として農業改革を推進し，高品質，安全性など農産品の高付加価値化を図りながら貿易を自由化すれば，日本が当面目標とする食糧自給率45％は遠からず近づいてくると考える。
16)　ジェトロ「世界貿易投資報告2010年版」，ジェトロ，2010年，p.57.
17)　事例研究については，筆者下記論文に基づいた。
　　芦田誠「東アジアにおけるＦＴＡの展開と日系企業の物流戦略」，運輸と経済70巻12号，運輸調査局，2010年。
18)　ジェトロ「世界貿易投資報告2008年版」，ジェトロ，2008年，p.199.
19)　福地亜希「経済レビュー」，No.2008-8，三菱東京ＵＦＪ，2008年7月9日，p.7.
20)　『海事産業研究所調査月報2004年5月号』(財)海事産業研究所，2004年，p.47.
21)　高松孝行「トヨタの中国におけるロジスティクス活動」，第43回大会報告要旨集，

日本海運経済学会，2009年，p.35.

〔参考文献〕（注で明示した文献以外のもの）
1．浦田秀次郎・日本経済研究センター編「日本のＦＴＡ戦略」，日本経済新聞社，2005年。
2．経済産業省「グローバル経済戦略」，ぎょうせい，2008年。
3．柴田洋二「ＪＴＥＰＡ発効後１年を振り返る・１」，『貿易と関税』，日本関税協会，57巻３号，2009年。
4．林俊雄「ＦＴＡ／ＥＰＡを活用した海外事業戦略」，日本総合研究所，2010年。
5．ジェトロ「ＡＳＥＡＮ日系製造業の活動状況」，日本貿易振興会，2006年。
6．日越貿易会編「2008年ベトナム統計年鑑」，ビスタビーエス，2010年。
7．ベトナムの物流の課題　ジェトロ「ＡＳＥＡＮ物流ネットワークマップ」，ジェトロ，2007年。
8．根本敏則「国際物流インフラの計画，整備方法～大メコン地域東西回廊をケースとして～」，『海運経済研究』第42号，日本海運経済学会，2008年。
9．日本ロジスティクスシステム協会，「2009年度グリーン物流研究会活動報告書」，JILS，2010年。
10．総務省統計局「世界の統計2011」，日本統計協会，2011年。
11．矢野恒太記念会「世界国勢図絵2011／12」，矢野恒太記念会，2011年。
12．Thamavit, Thai policies for the automobile sector, Production Networks in Asia and Europe, Routledge Curzon, 2004.
13．Marc J. Schniederrjans, Topics in Lean Supply Chain Management,World Scientific Publishing Co., 2010.
14．l W. Bradley, China and India : Future Giants of Supply Chain Developments in the Twenty-first Century, Dynamic Supply Chain Alignment, Gower Publishing Limted, 2009.
15．James Wang, Daniel Olivier, Theo Notteboom, Brian Slack, Ports, Cities,and Global Supply Chains, Ashgate Publishing Limited, 2007.
16．Marc J. Schniederrjans, Topics in Lean Supply Chain Management, World Scientific Publishing Co., 2010.
17．Council of Supply Chain Management Professionals, Supply Chain Quarterly, Jun. 23, 2009.

第5章 東日本大震災と物流の改革

1 はじめに

　2011年3月11日14：46分に発生した東日本大震災は，100年間では世界で4番目に大きな規模（マグニチュード〔M〕9.0）の地震であり，2011年10月26日現在死者15,829人（うち水死92.5%），行方不明3,724人，津波最高到達点40.5m（宮古市重茂姉吉），全壊109,741戸，半壊125,373戸の被害をもたらした。今回の地震は，地震と津波，福島第一原発の3重苦に加え，大規模かつ広大で幹線ルートから離れた地域で甚大な被害が発生し，都市型震災の阪神大震災とはまったく異なった状況を示している。

　本章は，東日本大震災を「物流」の観点から検証し，東海・東南海・南海地震などさらにビッグワンの到来が心配されている折，教訓とすべき点を明らかにする。ただし物流といっても，いざ踏み込んでみるとすそ野が非常に広い。したがって，物流を「ラストワンマイルにほとんど届かなかった緊急物資の輸送」と「企業のＳＣＭの寸断」という2つの切り口から分け，前者をマクロ（政府）の物流，後者をミクロ（企業）の物流として位置づけ，先の命題を考察する。

　その方法は，過去の地震と物流の先行事例を踏まえて考察する。まず1989年10月17日，筆者が当時留学していたアメリカ・サンフランシスコ南方で発生したロマプリータ地震（M7.1）では，オークランド市のフリーウェイⅠ80でダブルデッキの上部が崩壊するとともに，同市とサンフランシスコを結ぶベイブリッジの一部が崩壊した。この地震で64人の死者を出したが，このとき強調されたのが人やモノの流れを円滑にする代替道路の重要性と必要な物流支援措置

（代替道路の橋通行料金の免除など），そして日本をはじめ世界各国から輸送された援助物資の効率的な仕分けであった[1]。

また1995年1月17日，6,434人の死者を出した阪神大震災（M7.3）では，多くの人が不眠不休で救援物資の仕分け作業に追われたことから，①被災地のニーズに合ったものを輸送する援助物資に関するルールづくり，②物流を支援する運送事業者やボランティアなどとの調整，③緊急物資の備蓄，④ヘリポート機能をもつ保管基地の確保，⑤緊急輸送ルートの確保，⑥緊急車両を通行させる交通規制の実施，⑦地震列車緊急停止システムの導入，⑧ＳＣＭにおける企業間の連携強化などが指摘された[2]。そして2004年10月の中越地震（M6.8）では，援助物資の保管と配布が被災地にとって大きな負担になった反省から，長岡市では今後災害発生直後の援助物資を受け入れないことに加え，市町村の相互応援協定や企業の事業継続計画（ＢＣＰ）の必要性が強調された[3]。今回の東日本大震災から物流が学ぶべき点は何か。

2 東日本大震災と交通の被災状況

(1) 東日本大震災の被災状況

表5－1は，1900年から世界において発生した大地震をリストアップしたものである。1960年チリで発生したマグニチュード9.5の地震を筆頭に，液状化現象が新潟地震とともに世界で初めて認められた1964年のアラスカ地震（M9.2），まだ記憶に新しいクリスマス直後の12月26日に発生した2004年スマトラ島北部西方沖（M9.1）地震，そして1952年のカムチャッカ半島地震とともに，M9.0を記録した今回の東日本大震災（2011年）である。

日本国内に転じると，表5－2に示した通り過去100年間で最も多くの死者を出した地震は，関東大震災（1923年）で9万9,331人。東京本所と横浜を中心に焼死で亡くなった人が9割を占めた。2番目が今回と同様に，山地が迫った三陸沖で発生した1896年の三陸沖地震（M8.5），死者27,122人のうち大半の人が"Tsunami"による水死であった。そして100年間では第3位，戦後では最

表5－1　100年間の世界の地震ビッグ4

順位	日時（日本時間）	発生場所	マグニチュード
1	1960年5月23日	チリ	9.5
2	1964年3月28日	アラスカ湾	9.2
3	2004年12月26日	スマトラ島北部西方沖	9.1
4	1952年11月5日	カムチャッカ半島	9.0
〃	2011年3月11日	東日本	9.0
5	1906年2月1日	エクアドル沖	8.8
〃	2010年2月27日	チリ，マウリ沖	8.8

出所：内閣府「平成23年版防災白書」，佐伯印刷，2011年，p.3の数値を使って筆者作成。

表5－2　過去100年間の日本の地震ビッグ4

順位	年度	地震名	マグニチュード	被害
1	1923年9月1日（大正12年）	関東大震災	M7.9	死者99,331人（焼死が9割），行方不明43,476人，焼失家屋447,128戸，全壊128,266戸
2	1896年6月15日（明治29年）	三陸沖地震	M8.5	死者27,122人（水死），津波最高25m（陸前吉浜），全半壊流失家屋10,617戸
3	2011年3月11日（平成23年）	東日本大震災	M9.0	死者15,822人（水死92.5%），行方不明3,923人，津波最高40.5m（宮古市重茂姉吉），全壊109,741戸，半壊125,373戸
4	1995年1月17日（平成7年）	阪神淡路大震災	M7.3	死者6,434人（圧死が88%），全壊91,966戸，焼失7,456戸

出所：筆者作成。

大の地震として位置づけられるのが2011年3月11日（金）14時46分18秒に発生した東日本大震災である。

今回の地震は，北アメリカプレート（オホーツクプレート）とその下に沈み込む太平洋プレートとの間で起きた海溝型地震で，震源地は牡鹿半島の東南東

約130km,震源の深さは24km,断層が破壊した震源域は岩手県沖から茨城県沖まで南北約500km東西約200kmの海域,最大加速度は宮城県栗原市の2,933ガル,最大震度は宮城県栗原市の震度7で東京が5強,名古屋4,大阪3,そして鹿児島と福岡でも震度3を観測した。地震の波動は,宮城県沖から九州にまで及ぶ非常に大きな地震であった。

(2) 交通インフラの被災状況

物流と深く関係している交通部門の被害状況は,一般道路の損害が3,559箇所,高速道路で350箇所[4]。鉄道では東北新幹線で仙台駅など5つの駅が被害を受けたほか,電柱や架線,高架橋の橋脚など約1,100箇所が損傷した。また気仙沼線など在来線7線区で23駅が流失,線路が約60キロメートルにわたって流失した。津波で一部区間が不通となったJR仙石は100億円強をかけ,2015年度中に全線復旧する予定である。

写真5-1 被災した仙台塩釜港

出所:筆者撮影,2011年8月8日。

第5章　東日本大震災と物流の改革

　空港は仙台空港の滑走路が津波で冠水し車両2,000台以上が漂着したほか，空港ターミナルビルや管制塔の機械設備，発電設備が大きな被害を受けたため発着を停止した。地震によってターミナルビルの天井が落下した茨城空港（百里飛行場）は3月14日から運行を開始し，仙台空港は1か月後の4月13日から国内線の一部が運航を再開した。港湾については，八戸や釜石，気仙沼，石巻，仙台，鹿島など11の国際拠点港湾と重要港湾において，防波堤，係留施設，荷役機械等に深刻な被害が生じ機能が停止したが，3月15日の釜石港及び茨城港（常陸那珂港区）を皮切りに，多くの港湾の一部岸壁が利用可能となり，緊急物資，燃料等の搬入が可能となった。写真は，2011年8月8日に撮影した仙台塩釜港の状況である。津波によって巨大ガントリークレーン4基が使用不能に陥るとともに，岸壁にがれきが山積されているのがわかる。

3　物流の対応―政府（マクロ）

　地震発生28分後の15時14分，東日本大震災の応急対策に資するため，内閣総理大臣を本部長とする緊急災害対策本部が官邸に設置された。被災者に対する物資の調達と輸送については，当該本部に設置された事案対処班（各省庁のメンバー約70名）が対応することになった。

　図5-1は，東日本大震災の被災地への緊急物資の流れを示したものである。通常，被災者に対する必要物資は地方公共団体が対応するが，今回は前例のない大規模災害で被害が広範囲に及び，さらに地方公共団体自体の機能が著しく低下したことから国がかかわることになった[5]。すなわち県が被災した市町村から可能な限り必要物資の数量を集約し，政府の緊急災害対策本部に連絡，同本部に詰めていた各省庁の担当者が担当する物資ごとに業界団体や大手メーカーに直接支援を要請し，物資を手配する流れである。たとえば，食料・水が農林水産省，医薬品（厚生労働省），毛布（警察庁），そして輸送が国土交通省と役割分担が決められ，首相官邸（内閣府）－国土交通省－全日本トラック協会－協会傘下企業，地方自治体－都道府県トラック協会－協会傘下企業のスキー

図5-1 緊急物資の輸送フローチャート

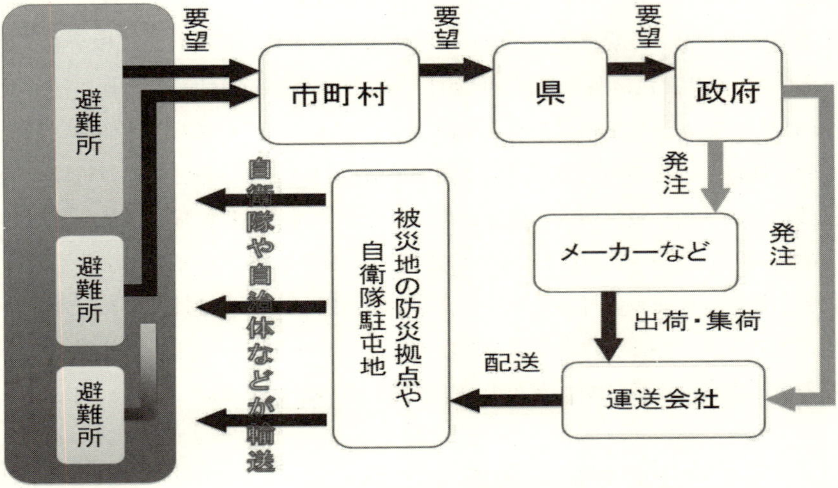

出所：読売新聞2011年3月17日5頁の図を参考に筆者作成。

ムとなっていた。

　大手物流事業者の1つ「日本通運」に最初のオーダーが入ったのは3月11日23：00過ぎ東京都トラック協会からで，「都内の帰宅困難者用毛布（警察庁要請）を避難所に輸送する要請」であった[6]。しかし，実際に避難所に到着したのは翌日の未明であった。一般車両の通行止めが震度6以上と決められていたため，5強であった東京では通行規制がとられず大渋滞に巻き込まれたからである。首都圏の大部分の鉄道が止まった段階で交通規制を実施すべきであったという反省がまず出てくる。

　日通へのセカンドオーダーは，3月12日午前4時過ぎ全日本トラック協会より，「山崎製パンの西日本の工場（福岡，広島，岡山，大阪，京都，愛知）からのパン輸送（農林水産省要請）」であった。午前9時に集荷し，12日深夜から13日翌朝にかけて10トン車15台で被災地へ運送された。こうした緊急物資の輸送は日通だけでも3月トラック4,170台，4月2,640台に達している。

　緊急輸送は，3月12日より自衛隊の要員，車両，機器・資材の輸送や燃料輸

第5章　東日本大震災と物流の改革

送を担ったフェリー・タンカーによる海上輸送，ペットボトル5万本を宮崎延岡から鹿児島，新潟まで鉄道で運び，新潟からトラックに積み替え福島まで運んだレール＆トラック，また原子力関連部品を北九州空港から羽田へ，そして羽田からトラックで福島へ陸送した航空輸送など多様な交通手段が活用された。政府が要請した緊急物資の輸送は，トラックが総計1,327台，鉄道が202本，船舶が2,277隻，航空が663便であった。3月11日から県による食料調達に移行した4月20日まで運ばれたパンとおにぎり，即席めんなどの総計は約2,621万食，飲料水約794万本，発電機560台，ストーブ2,510台，トイレ5,297台，毛布41万枚，おむつ253,669点，コート6万1,600着，テント900帳などであった[7]。

政府の震災後3日間の初動対応は，2,500箇所（3月15日最大）に及ぶ避難所とラストワンマイルへの輸送が道路の寸断，運転手の不足，ガソリン不足などが重なって困難を極め，地震発生後4日間は末端に救援物資がほとんど届かないような状態であった[8]。図5－2は，緊急物資（食料）の到達状況を示したものである。

地震発生当初は，被災地にほとんど緊急物資が届いていないのがわかる。農水省によると，3月16日午前中までに，現地に到着したり輸送中であった物

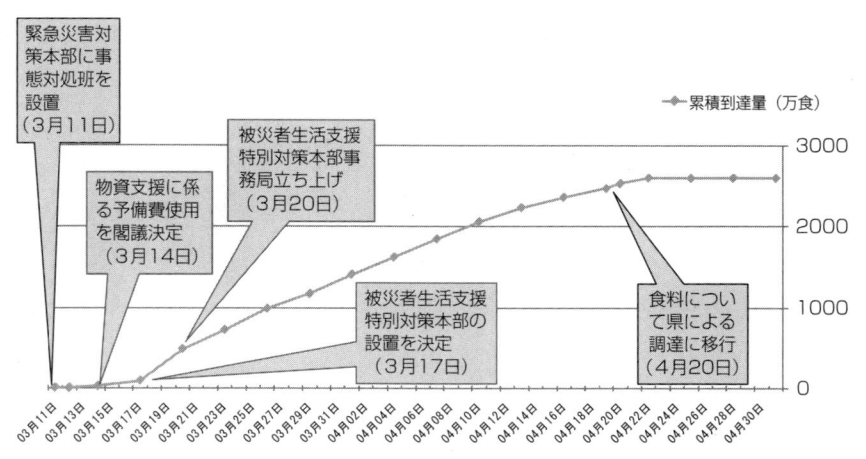

図5－2　食料の累積調達量の推移

出所：内閣府「平成23年版防災白書」佐伯印刷，2011年，p.38の数値を使って作成。

資は食料が約176万食，飲料水が約84万本。ところが，配送先が決まっていなかったり，決まっていても輸送できなかった食料が129万食，飲料水は103万本に達していた。実に食料で42.3％，飲料水で半分以上の55.1％が届いていなかったのである。軌道に乗り始めたのは，図5－2からも明らかなように3月16日ごろからで，政府の要請に基づき自衛隊が花巻空港と福島空港，東松島駐屯地を利用し陸海空の輸送体制をとってからのことであった。被災地で想定される援助物資を緊急輸送するプッシュ型物流システムは，リュックサックに商品を詰めた徒歩による運搬や50ccオートバイが利用された阪神淡路大震災においても大きな問題となったが，今回は自衛隊や米軍（お友達作戦）のヘリコプターによる輸送，艦船による海上輸送も活用された。

　自衛隊員は当初2万人態勢であったが，その後5万人，10万人と増え，最終的には10万7千人（3月26日）。21万人の日本の自衛隊総兵力の実に半分が出動する態勢となり，自衛隊員の活動は救助のみならず物流においても重要な役割を果たした。

　通路（交通インフラ），運搬具（車両），動力（燃料）を交通の3要素といい，これに運転手を加えて4要素という。交通を行う場合の不可欠な要素を言い表した言葉である。このうち，東日本大震災で緊急物資が届かず品不足が深刻化した最も大きな要因は，「生産要素の1つ」車を動かすためのガソリンや軽油が足りなかったことであった。ガソリン不足の直接の原因は，ＪＸ日鉱日石エネルギーの根岸製油所（横浜市）やコスモ石油の千葉製油所（市原市）をはじめ6か所の製油所が地震で操業を停止し，東北地方の元売系列ガソリンスタンド1,137箇所が営業停止に追い込まれたことであったが，これに拍車をかけたのが消費者の買いだめであった。ガソリン不足は被災地だけでなく関東にまで及び，震災後1週間余りスタンドの前では長蛇の列が続いた。初動対応における物流の状況をノード（拠点）別に示すと，次のような状況となっていた。

　○幹線輸送：車両・燃料等が不足し輸送の効率性が低下。
　○第一次集積地（県単位）：施設の不足，特に宮城県。
　○第二次集積地（市町村単位）：情報伝達の不備により需給のミスマッチが発

第5章　東日本大震災と物流の改革

生。
○避難所への配送：燃料不足，配達業者の不足，情報の不足。

　東日本大震災のモノの流れをみると，第二次集積地までは緊急物資が比較的順調に運ばれ，実際多くのものが届いていた。しかしながら，避難所やラストワンマイルまでは当初ほとんど緊急物資が届いていない。この原因は，被災地の状況がわからない情報途絶と車両不足に加え，物流の「血液」となる燃料不足などの複合要因でトラックを動かすことができなかったことが大きく影響している。先の日本通運の場合，今回の地震によって23の営業所と倉庫が被災，死者不明9名，不明トラックを含めると234台の車両が使用不能になるとともに，営業所のインタンクはほとんどが空っぽになっていた[9]。また宅配便最大手ヤマト運輸の被害状況は，ドライバー1名，パート従業員4名計5名が死亡，

写真5－2　石巻市の日通の被災倉庫

出所：筆者撮影，2011年8月8日。

施設の全壊9店，半壊5店，修理不能の車両43台，所在不明車両8台に上った[10]。

　他方，第一次および第二次集積地に緊急物資が比較的順調に運ばれた要因には交通インフラ，特に道路の早期の復旧があった。図5－3は，震災後まもなく利用できるようになった東北地方の主要道路を示したものである。周知のように，大動脈の縦軸の東北自動車道と国道4号線は，震災後も緊急車両に限って走行可能となり，また縦軸から太平洋岸（三陸地域）へつながる横軸は，3月12日に久慈市，宮古，釜石，大船渡，陸前高田，気仙沼，南三陸，石巻など11ルートを確保，4日後の15日までには15ルートすべての東西ルートが確保された。仙台から青森までの三陸海岸沿いの国道45号線は，なお一部不通区間があったものの3月18日までには97％の区間で通行可能となった[11]。この縦軸と横軸の緊急輸送路が「くしの歯」となっていたところから，一般に「くしの歯作戦」と呼ばれ，大規模な集積地までの物資輸送に功を奏した。農水産省から協力要請を受けた山崎製パンの60万個のパンを西日本の工場から出荷し，これまた国土交通省から要請を受けた運送会社が被災地の集積拠点まで緊急通行車両扱いで運べたのも「くしの歯」作戦のお陰といってよい。

図5－3　くしの歯作戦

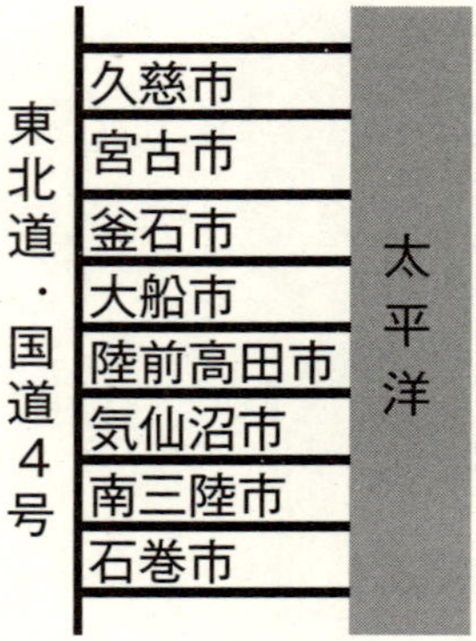

東北道・国道4号	久慈市	太平洋
	宮古市	
	釜石市	
	大船市	
	陸前高田市	
	気仙沼市	
	南三陸市	
	石巻市	

出所：国土交通省「国土交通白書2011」日経印刷，2011年，p.41を参照して筆者作成。

初動に続く中期，特に1週間を経過したあたりから3県の1次集積所には政府の緊急物資とともに，全国の地方公共団体や企業・団体，市民からの支援物資が届くようになった。たとえば，宮城県の1次集積所（4か所）では出庫ピークが3月21日に対して，入庫のピークは3月25日で，やがてまきや木炭，毛布，衣類，おむつ，マスクなどの滞留在庫が目立つようになってきた。市民からの援助物資の場合段ボール箱の中に何が入っているのか分からず，品目，数，荷姿の情報が欠落していたため，確認する作業に戸惑ったからである。この点では，物資の取扱に不慣れな自治体職員による仕分けと在庫管理，発注が行われ，集積所の非効率な作業に拍車をかけることとなった点も看過することができない。物流には運ぶものの品目，個数はもちろんのこと，何をどこへ運ぶかの情報が必要であり，また指揮するプロが必要となってくる[12]。

ロジスティクスは，関係する企業が情報を一元化・共有しながら，物資の流動を効率化し，かつ全体最適を目指すシステムである。これを行うためには幹線とラストワンマイルの輸送にとどまらず，集積所の保管と仕分け，被災地のニーズ等の情報を連動させ，総体として機能させなければならない。まさにロジスティクスが通常追い求めるものを緊急時においても迅速かつ適切に実現しなければならないのである。この点で，政府対応のマクロ物流においては，次のことが求められる。

① 一般車両を通行止めとする厳格な交通規制の実施。特に首都圏の反省。
② 物流の専門家「運送事業者」やボランティアなどとの事前のパートナーシップ契約。
③ ヘリポート機能をもつ保管基地の確保。
④ ハイ・プライオリティの物資を優先して輸送するシステムの構築。
⑤ 被災地ではなく発地における仕分けなど不要物資の流入制限。
⑥ 援助物資に関する送り状（品目，数量等）の統一化。
⑦ ガソリンや毛布，水，乾パン，ライスなど緊急援助物資の官民による備蓄と非常用電源の設置など供給体制の見直し。
⑧ 岩手県遠野市や宮城県栗原市などが後方支援基地の役割を果たしたよう

に，被災地と被災地外を結ぶ近隣自治体の重要性と迅速な選定。
⑨　情報途絶下衛星通信機器やSNSを活用した情報収集と物資輸送のシュミレーション，トレーニング。
⑩　トラック台数を事前に予測することができるオーダーの出し方と物資発注様式の統一。

　まず震度6以上に限定せず，首都圏の多くの鉄道が止まった段階で一般車両の交通規制を実施し，物資輸送を含め緊急車両を優先する措置が取られるべきで，物流のオペレーションは1，2週間後ではなくリスク発生直後から運送業者との協力体制が必要である。また段ボール箱の中に何が入っているか援助物資に関する送り状（品目，数量等）の統一化が要請されるとともに，過去の地震で繰り返し問題となっている「不要物資の流入制限」にも取り組まなければならない。緊急物資の新しい備蓄体制も公共施設に限らず駅や学校，会社等で始まった。発注の出し方も含め緊急物資輸送のシュミレーションとトレーニングも今後必要である。今回の震災では市町村の役場自体が被災したため，需要情報の把握と伝達ができず緊急物資の供給不足に拍車をかけたが，災害発生時には物資供給に関する情報を一早く収集し伝えることが重要で，震災後衛星通信機器やSNSなどを活用した情報収集の実験がすでに始まっている。

4　物流の対応—企業（ミクロ）—

　今回の震災で被災した企業は多い。ルネサスエレクトロニクス那珂工場（システムLSIなどの電子部品）をはじめ，ケーヒン宮城角田工場（コンプレッサーやエンジン部品など自動車部品），アルプス電気古川工場（スイッチやセンサーなど電子部品），日本ブレーキ福島工場（ブレーキパッドなど自動車部品），日本ピストンリング岩手工場（ピストリングなど自動車部品），日立オートモティブシステムズ福島事業所（サスペンション，ブレーキなど自動車部品）など世界を代表する企業もその1つであり，多くが長期間生産停止に追い込まれた。
　東日本大震災の被災地に自動車や電機の部品・素材メーカーが数多く集積し

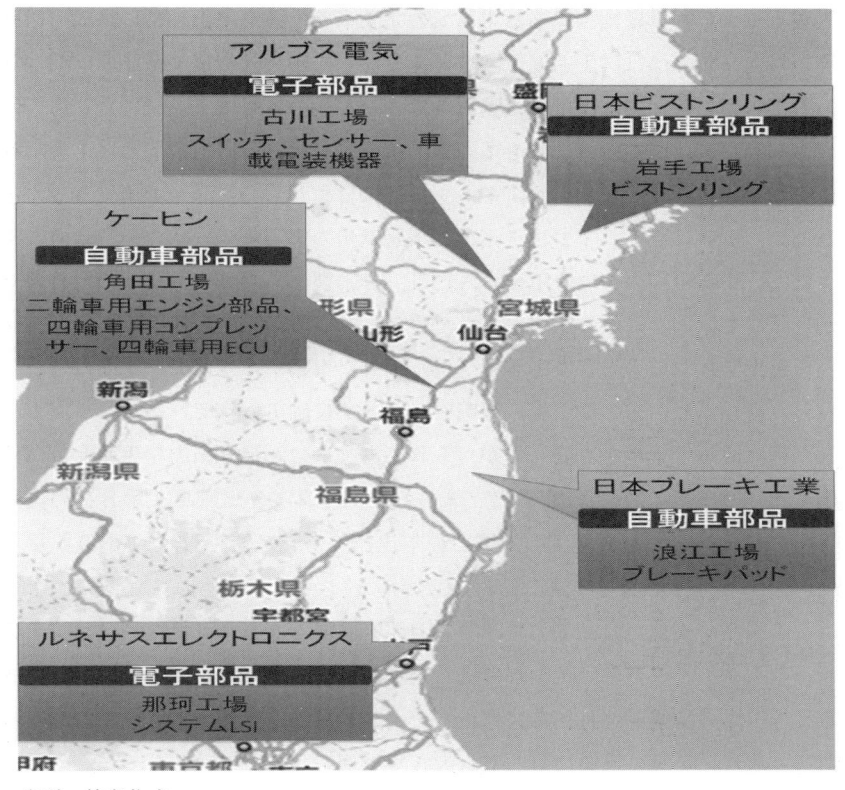

第5章　東日本大震災と物流の改革

図5-4　被災し操業を停止した自動車の部品工場（一部）

アルプス電気
電子部品
古川工場
スイッチ、センサー、車載電装機器

日本ピストンリング
自動車部品
岩手工場
ピストンリング

ケーヒン
自動車部品
角田工場
二輪車用エンジン部品、四輪車用コンプレッサー、四輪車用ECU

日本ブレーキ工業
自動車部品
浪江工場
ブレーキパッド

ルネサスエレクトロニクス
電子部品
那珂工場
システムLSI

出所：筆者作成。

ていたことにびっくりした人も多かったであろう。全国の製造品出荷額において東北は電子部品関連で13％，情報通信機器関連で15％のシェアを占めている[13]。このうち大手半導体メーカーであるルネサスエレクトロニクスは，エンジンやパワーステアリング，アンチロックブレーキの制御などに使われる自動車用半導体（マイコン）の主力工場であり，そのシェアは震災当時世界の30％（アメリカ19％，ドイツ6％，その他）を占めていた。その那珂工場（ひたちなか市）では従業員3名が負傷，建屋と電気系統，装置が被害を受けて生産停止が6月14日まで続いた。

部品工場が止まった時の衝撃は大きい。サプライチェーンの寸断を受け，震災後トヨタ自動車は国内にあるすべての完成車の生産を停止した。鉄板や樹脂等の外回り製品はほぼ１週間で調達可能となったが，精密電子部品の一部は集めることができず，部品供給の綱渡りは３か月後の６月頃まで続いた。海外向けの部品在庫は国内向けよりも多いが，それでもせいぜい１週間から１か月程度であり，アメリカゼネラル・モーターズは日本からの部品が調達できなかったため，アメリカ・ルイジアナ州の工場と欧州の２工場で一時停止を余儀なくされた。また中国の奇瑞汽車は４月19日，日本製部品の輸入が滞ったため４月から減産を始めることを明らかにした。

　自動車会社で最も大きな影響を受けたトヨタ自動車は，震災２週間後の３月28日に愛知県豊田市の堤工場，福岡県のトヨタ自動車九州でハイブリッドカー３車種に限って生産を再開したが，トヨタ自動車の2011年国内総生産台数は前年度比15.9％減の276万28台にとどまった。同年日本の自動車大手８社の国内生産台数は，東日本大震災の影響で前年比13.4％減の約798万台であり，震災に起因する世界市場での減産は約100万台に達したと推測されている[14]。事情はＩＴ製品や家電，食品等の生活関連商品も同様であり，キヤノンはコンデンサーやコネクターの部品供給が停滞したため，デジタルカメラの生産拠点である大分工場の操業を３月16日に停止した。ＳＣＭの寸断は，被災を受けなかった遠く離れた企業の操業に対しても大きな影響を与えることになった。

　今日多くの企業は生産活動をグローバル化させており，部品と素材の供給源は世界に広がっている。東北地方で生産された自動車部品が愛知や福岡にとどまらず，アジアのデトロイトと呼ばれるタイ・バンコック，アメリカ，ヨーロッパ，中国の工場に輸送されることは決して珍しいことではない。ルネサスエレクトロニクスの車載半導体は，日本はもちろんのことアメリカやカナダ，イギリス，ドイツ，中国，香港，韓国，台湾，マレーシア，シンガポールでも販売されており世界に拡がっている。

　企業がこうしたグローバル・サプライチェーンをとる理由は，部品や原材料を安く手に入れるため徹底して在庫を絞り込むとともに，質の良い専用部品・

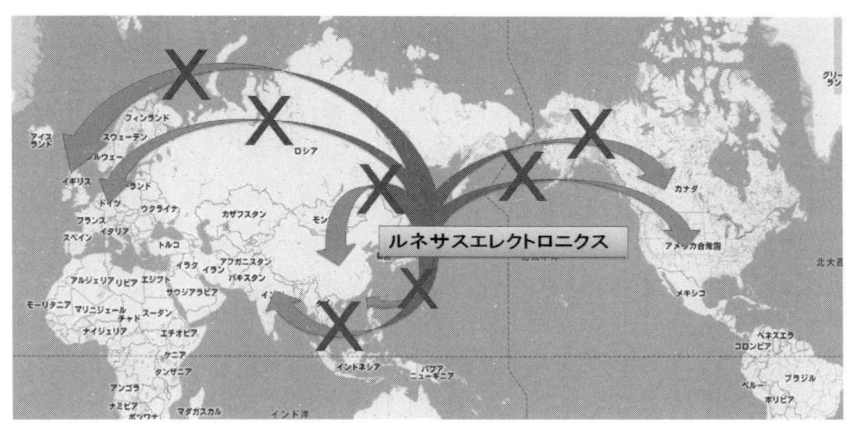

第5章　東日本大震災と物流の改革

図5-5　世界における自動車部品のSCM寸断

出所：筆者作成。

素材を広く世界から集めるためである。調達物流や輸送業務，倉庫業務などのサプライチェーンを串刺し的に統合し情報を一元的に管理，市場の動きに合わせて部品調達，生産，商品輸送を行い，時間や経費のムダを省いてQuality（質），Cost（コスト），Delivery（短納期）を追求しようとしているのである[15]。

「Lean Production（Lean＝細く引き締まったの意）」と「Just in Time Delivery」で代表されるトヨタシステムの目的は，過剰生産・過剰在庫・過剰人員，その他あらゆる無駄を徹底的に排除してコスト削減を図り利益を増大させるところにある。そのためには市場で売れる物を，売れる速度で作るのが理想であり，それを可能にしたのがトヨタの生産システムであった。すなわち，必要な物を必要な量だけ必要なときに生産する在庫ゼロのリーン生産であり，カンバンというカードを用いて生産指示情報が最終工程から前工程へ流れていく「カンバン方式」，1個売れる時間ごとに各種製品を1個流しする「混流生産」，不良品が後工程に流れるのを防止する「ライン・ストップ・ボタン」，異常発生場所を知らせる「行燈」，多工程と柔軟な作業分担による従業員の削減，作業時間の波をフラットにした「生産の平準化」，小ロット配送であるジャストイン・タイムデリバリー，そして小グループで常にカイゼンを議論するＱＣサークル

活動などである。徹底した無駄の排除は，トヨタの生産現場だけでなく，部品サプライヤーやディーラーとの間にも展開され，サプライチェーン全体にわたって進められている。

　自動車は約3万点の部品から作られていると言われている。組み立ての親工場は，基幹部品の1，2次のサプライヤー（供給メーカー）の状況は把握していても，さらにその先の3次4次の補完部品メーカーまでは多くの場合把握していなかった。こうした中でSCMが寸断されたのが東日本大震災であり，世界の多くの川下産業が生産停止に追い込まれる事態となった。

　日本は，政府や人に限らず企業においてもリスク認知が外国と比べ非常に弱いと言われている。東日本大震災が発生した時点でBCP（事業継続計画）を保持していた日本企業はわずか19％。災害はいつどこでどんな企業にもふりかかるリスクである。ひとたび大災害が発生すれば，休業損失だけでなく株価の下落，資産価値の下落，格付けの低下，資金繰りの悪化など企業の存続を危うくする事態を招きかねない。そこで，リスクマネジメントの1つとしてリスクが発生しないように手を打つ事業継続計画（Business Continuity Plan）の必要性が改めて強調されている。

　BCPは，まずさまざまなリスク（地震，洪水，大雪，台風，突風，竜巻，高潮，ストライキ，暴動，テロなど）の発見からはじめ，そのリスクの頻度と企業財務に与える影響を定量的に測定し，リスク・マトリックスを作成する。次に，それぞれのリスクの処理方法を検討し，費用対効果を比較し最適な対処法を選択する。BCPは，わかりやすく言えば事業をいち早く復旧させるためのガイドラインであり，防災グッズと機具の保有，即応要員の確保と配置，迅速な安否確認と救助，オフィスの確保，バックアップシステムの構築と推進などが主要な課題となってくる[16]。

　SCMはコストを削減する日本オリジナリティの経営管理システムであるが，東日本大震災やタイの洪水（2011年10月）を機にぎりぎりまで在庫を絞る「持たざる経営」を見直す動きが現れている。今後の企業の物流対策は，次の問題が争点になってこよう。

① 第3次，4次の下請けを含めＳＣＭの可視化と供給能力の把握。
② 部品の特注化から共通化への転換。→標準部品と専用部品の割合。
③ 部品調達先の多様化。
④ 部品在庫の拡大。

①については，すでにカーナビやモーターなどの１次部品にどのような構成部品が使われているかデータベース化し，たとえ供給網が寸断されてもどの部品に影響が出るか把握する仕組み（逆引きシステム）が導入されつつある。先ほども触れたが，自動車は多くの部品素材から成っており，他の部品にも拡大していくことが求められる。

②と③に関しては，単純に部品の共通化と振替先を分散する方向だけで進んでいくわけではない。その過程では，ＳＣＭ寸断のリスクを縮小するため，部品の標準化によるオープン調達を進める一方，優良部品メーカーを囲い込むことで緊急時の安定調達を高める二面性の動きが加速していくものと考えられる。この点では，専用部品の地域集中リスクを回避するため，海外での地産地消の動きを一層活発化させるとともに，中小サプライヤーの業界再編が起こることも想定される。当然のことながら生産拠点の複数化はコスト増となるが，予備の金型を複数拠点におくことはいざという時にいち早くＳＣＭをつなぐことになり，ＳＣＭ復旧の大きな武器となってくる。今後とられてよい施策の１つである。

他方，「カンバン」方式で知られる絞り込んだ在庫を再び積み増す動きも顕著となっている。カーナビ用のＩＣチップは２か月程度の在庫が確保され，ルネサスエレクトロニクスが主要な供給源であった車載用のマイコンは最大４か月程度の在庫を保有するように要請され始めた。日本企業を差別化してきたＪＩＴ生産を維持し経営効率を追求しつつ，在庫保有を増大させ有事への保険を掛けようとしているのである。問題は，災害リスクの対応と調達先の分散化や在庫の積み増しによるコスト増のバランスをどうとっていくかである。やみくもなコスト増は企業の生命線である経営効率に逆行する。コスト引き下げにつながる部品資材の共通化や共同輸送，輸送方法の分散化等を取り込みながらリ

スクへの対応を考えていくことが肝要であると考える。

5 おわりに－東日本大震災から物流が学ぶべきもの－

　東日本大震災によって改めて物流の重要性が認識されたが，実際に物流だけに絞って考察していくと物流の何が問題でどこをどう変えるかの議論は意外と少ない[17]。例えば日本ロジスティクスシステム協会（物流協会）は，東日本大震災に関するＪＩＬＳとしての要望・提言として，次のことを提言している。1）大規模災害発生時の包括的な規制緩和措置の適用，2）緊急時に必要なロジスティクス機能の確保，3）防災倉庫や物流施設等の配置，4）大規模災害による輸送途絶における代替ルートの確保，5）企業自らが実施する緊急支援物資輸送等の円滑化のための措置，6）災害時に必要な物流人材教育の実施，7）緊急物資輸送における物流管理手法の適用などである。

　本研究は東日本大震災を検証し，何を教訓として得るか明確にするところに目的があった[18]。1995年の阪神大震災で強調された物流の課題をいま一度リストアップすると，次のような課題がある。

　○被災地のニーズに合ったものを輸送する援助物資に関するルールづくり。
　○物流を支援する運送事業者やボランティアなどとの平時からの調整。
　○緊急物資の備蓄。
　○ヘリポート機能をもつ保管基地の確保。
　○緊急輸送ルートの確保。
　○緊急車両を通行させる交通規制の実施。
　○地震列車緊急停止システムの導入。
　○ＳＣＭにおける企業間の連携の強化。

　本研究が東日本大震災で明らかにした物流の課題は次の点である。

●一般車両を通行止めとする厳格な交通規制の実施。
●物流の専門家「運送事業者」やボランティアなどとの事前のパートナー

第5章　東日本大震災と物流の改革

シップ。
- ヘリポート機能をもつ保管基地の確保。
- 限られた物流の供給体制の中でハイ・プライオリティの物資を優先して輸送するシステムの構築。
- 被災地ではなく発地における仕分けなど不要物資の徹底した流入制限。
- ガソリンを含め緊急物資の備蓄と供給体制の見直し。
- 援助物資に関する送り状（品目，数量等）の統一化・規格化。
- 情報途絶下ＳＮＳを活用した情報収集のシュミレーションとトレーニング。
- トラック台数を事前に予測することができるオーダーの出し方と物資発注様式の統一。
- 被災地と被災地外を結ぶ近隣自治体（支援基地）の重要性と迅速な選定。
- 3次，4次の下請けを含めＳＣＭの可視化と逆引きシステムの導入。
- 部品の特注化から共通化への転換。
- 部品調達先の分散化。
- 優良部品メーカーの囲い込みによる部品の安定供給。
- 部品の在庫保有の増大。

　阪神大震災と東日本大震災を比較すると，問題を掘り下げたＳＣＭは別として課題が類似していることに気づく。震災対策はここに最も大きな問題が隠されている。人はよく「他山の石」や「人の振り見て我が振り直せ」というけれども，実際には自ら体験しなければ制度慣行を変えようとはしないところがあり，その傾向は特に被災地以外の地域で強い。防災意識に地域で温度差があってはならない。阪神大震災や中越地震，東日本大震災を風化させることなく日本全体で防災意識を高め，マクロとミクロの物流問題に取り組んでいかなければならない。この点，東日本大震災以降一段と，地域が異なる市町村，企業，大学間で災害相互応援協定を結ぶ傾向が強くなっていることは心強い。

　アメリカの最新の研究論文に「Resilience」に関するものが散見される[19]。

Resilienceは弾力性や回復力を意味する単語であるが，その言葉には単に復旧するだけでなくリスクを柔軟に受け止めしなやかに復元を図る発想が込められている。たとえば，交通インフラの復旧の場合，土木業者の施行能力を把握し得意分野ごとに事前に契約したり，工期を短縮した場合にはボーナスを出したりするなどの対応である。マニュアル通りではなく，柔軟な対応を意味する「レジリエンス」が日本の物流においても今後問われてくると考える[20]。

（注）
1） 芦田誠「サンフランシスコ地震の教訓」海外事情1990年2月　拓殖大学海外事情研究所，pp.117-140参照。
2） 兵庫県「伝える－阪神・淡路大震災の教訓－」ぎょうせい，2009年，pp.22-36。
3） 兵庫県「同上書」，p.33。
4） アメリカの場合，欠陥道路の補強の優先順位は，予想される地震発生地から受ける地盤の加速度，構造物の地盤の固さ，単一か多柱かの支柱の相違が最も重視されそれぞれ18％，以下構造の長さ（16％），年間日交通量（12％）によって決められている。
　　　Caltrans, *"Research and Development Program Conference"*, Department of California Transportation, 1988, pp.121-125.
5） 内閣府「平成23年版防災白書」佐伯印刷，2011年，pp.30-31。
6） 日本通運株式会社業務部専任部長「興村徹」氏「東日本大震災における緊急物資輸送と今後の課題」運輸政策研究機構，研究報告会2011年夏（第29回）を参照。
7） 救援物資の数は，国土交通白書，防災白書，その他文献によって異なっている。本論文は下記の文献の数値を使用した。
　　　内閣府「平成23年版防災白書」，p.39。
8） 避難所に物資が届かない状況については，下記の文献が詳しい。
　　　森田武「同上書」，pp.65-68。
9） 日本通運株式会社業務部専任部長「興村徹」氏，上記「研究報告会」参照。
10） ヤマト運輸株式会社ＣＳＲ推進部長「藤口英治」氏，「環境とＣＳＲ」グリーンロジスティクス事例研究会第6回，2012年，p.35。
11） 国土交通省「国土交通白書2011」日経印刷，2011年，p.41。
12） 国土交通省が宮城県，岩手県，福島県，茨城県の県庁または市町村に13名の物流専門家を派遣したのは，物資集積拠点において滞留が発生し始めた発災後1週間を過ぎてからのことであった。
　　　内閣府「平成23年版防災白書」2011年，p.38。
　　　またヤマト運輸が宅配便とは別に，岩手・宮城・福島3県に車両200台，人員400～500人を擁して援助物資輸送協力隊を設置し，無償で援助物資を運び始めた

第5章　東日本大震災と物流の改革

のも震災12日目の平成23年3月23日からであった。
13) 内野雅一「日本危機」エコノミスト3月29日，毎日新聞社，2011年3月29日，p.26.
14) トヨタの震災減災100万台については，下記を参照した。
　　読売新聞2012年1月28日11版「トヨタ震災減災100万台」
15) ＢＣＰついては，下記の文献が詳しい。
　　労働調査会「震災に備える企業のリスクマネジメント」労働調査会，2011年，pp.28-49.
16) ＳＣＭについては多様な定義の仕方があるが，コアは「ＩＴを通じた財と情報のフロー（Flows）」と「調達から回収に至る供給連鎖と関係企業の統合（integration）」2つである。次の文献を参照。
　　James Wang, Daniel Olivier, Theo Notteboom, Brian Slack, *Ports, Cities, and Global Supply Chains*, Ashgate Publishing Limited, 2007, pp.11-17.
17) 日本ロジスティクスシステム協会「東日本大震災に関するJILSとしての要望・提言（第2版）」LOGISTICS SYSTEMS，第21巻1号，日本ロジスティクスシステム協会，2012年1月，pp.5-6.
18) 本論文は物流に絞って展開したが，より広く交通に関しては次のような点が課題になってくると考える。
　① 津波対策。インフラ整備，走行中の自動車・鉄道の避難方法，避難ビルの指定など。
　② 液状化対策を含め，交通施設の耐震基準の見直しと新基準の設定。
　③ 耐震基準は建築物と土木で区別されているが，改正の内容は想定する地震の加速度を現行の0.2G（重力加速度）より大きくすること，基準が設けられていなかった「縦揺れ」に対する対策を講じること，変形しても構造物の粘りで持ちこたえられる設計法を導入すること，ライフラインの基準の見直し，液状化がもたらす地盤の移動，軟化対策などである。液状化現象は1964年のアラスカ地震と新潟地震で確認され，地下水位が高く砂の粒子が揃っているほど発生しやすい。砂地の埋立て地が増加しており，軟弱地盤の強化が急がれる。
　④ 新耐震基準（1981年）以前に建てられた高架式の道路や鉄道，橋梁，横断歩道橋，トンネル，地下鉄，空港，駅，埠頭に対する耐震補強の一層の推進。
　　　東日本ＪＲだけでも新幹線と在来線を合わせた高架橋は33,500本存在しており，うち新幹線1万8,500本，在来線1万2,600本の耐震補強工事が進行中である。公的資金が当て込めない全国の民鉄の耐震補強対策が長年の懸案であったが，06年度より補強工事費の3分の1を国と地方自治体でそれぞれ負担する支援措置がスタートした。
　⑤ ハザーマップの作成とともに災害時の交通計画の立案。
　⑥ リアルタイム防災を行うため，適切なレスキュー用機器の迅速な搬入と機器を操作できる要員の派遣，救援物資に関して交通機関と市町村，ＮＰＯなどとの適切なパートナーシップの確立。都市はコンクリートと鉄の固まりである。

125

フォークリフト，コンクリート剪断機，サーチライト，レーザーカット，発電機，ジョッキーなどの自主的提供に関して土木業界と予め協定を結んでおくことが必要である。
⑦ 信号，電気等予備発電装置の設置と能力の再点検。
⑧ 主要動S波〔Secondary Wave〕の前の初期微動P波〔Primary Wave〕をリアルタイム（数十秒）で交通機関に伝えるシステムと自動あるいはマンマシーン方式による安全措置とをリンクさせた地震アラーム・システムの導入拡大。アメリカでは，1989年のロマプリータ地震によって予知研究の限界が指摘され，減災対策に重心がシフトした。その1つが，P波をキャッチし電車の送電をストップ，停車させるシステムであり，また日本でも07年10月より始まった気象庁の「緊急地震速報」である。
⑨ 事業をいち早く復旧させる事業継続計画（BCP）のガイドラインの策定。

19) Chilan Ta, Anne V. Goodchild, and Kelly Pitera, *Structuring a Definition of Resilience for the Freight Transportation System*, Transportation Research Record, No. 2097, Transportation Research Board, 2009, pp. 19-25.
Chilan Ta, Anne V. Goodchild, and Barbara Ivanov, *Building Resilience into Freight Transportation Systems*, Transportation Research Record, No. 2168, Transportation Research Board, 2010, pp. 129-135.
20) 物流におけるレジリエンスの具体的な事例は19)の英書では示されていないが，コスト引き下げにつながる部品等の共通化や共同輸送，輸送方法の分散化を行いながら災害リスクに対応する方法などが該当すると理解している。

〔参考文献〕（注で示した文献以外のもの）
1. 高木任之「建築法規」日本実業出版社，2003年。
2. 目黒公郎「東京直下大地震生き残り地図」旬報社，2005年。
3. 災害対策制度研究会「必携激甚災害制度の手引き」大成出版社，2003年。
4. 運輸調査局「東日本大震災からみえた新たな交通のあり方」運輸と経済第71巻第8号，運輸調査局，2011年。
5. 日本ロジスティクスシステム協会「ロジスティクスの復興支援を考える」LOGISTICS SYSTEMS 第20巻6・7号，日本ロジスティクスシステム協会，2011年6月。
6. 日本ロジスティクスシステム協会「東日本大震災に関するJILSとしての要望・提言」LOGISTICS SYSTEMS 第20巻10号，日本ロジスティクスシステム協会，2011年10月。
7. みずほ総合研究所「大震災の多面的影響と復興・再生に向けた道筋」，2011年4月5日。
8. 高見尚武「災害危機管理のすすめ：事前対策とその実践」近代消防社，2007年。
9. 味水佑毅「なぜ災害時にモノ不足は起きるのか？」物流情報 Vol. 13 No. 2，2011年。
10. 内野雅一「大震災と経済」エコノミスト4月5日，毎日新聞社，2011年。

11. みずほ総合研究所「サプライチェーン寸断の影響をどう見るか～自動車減産による生産活動・ＧＤＰへの影響を中心に」2011年4月28日。
12. 日本総合研究所「大震災の多面的影響と復興・再生に向けた道筋」2011年4月5日。
13. 国土交通委員会調査室「東日本大震災による被害状況及び復旧・復興に向けた課題～国土交通分野を中心に～」，2011年6月。
14. 小谷通泰「阪神・淡路大震災時における実態と今後の課題」交通科学。
15. 矢野裕児「東日本大震災での緊急援助物資供給の問題点と課題」，流通経済大学物流科学研究所，物流問題研究 No.56，2011年。
16. 矢野裕児「ロジスティクスに関する新たな視点－企業のリスク対応への取組－」，流通経済大学流通情報学部紀要 Vol.17 No.1，2012年。
17. 苦瀬博仁「ロジスティクスからみた被災地への緊急支援物資供給と産業復興計画の課題」，運輸と経済 第75巻第3号，運輸調査局，2012年。
18. Lisa Destro and Jose Holguin-Veras, Material Convergence and Its Determints, Transportation Research Record, No.2234, TRB, 2011.

あとがき

　本書は，改革をキーワードに物流の幾つかの断面を掘り下げ，新しい時代の物流の課題を明確にしようとしたものである。本書を要約すると，次のようになる。

　まず日米の物流大賞を切り口として両国の物流改革を比較すると，モーダルシフトや包装資材のリターナブルなど直接的なグリーン物流施策が多い日本に対して，アメリカはＩＴを活用した求貨求車システムや輸入物流の分散型から統合型モデルへの転換による輸送回数の削減，会社の４部門物流の一元化によるトラック台数の削減など物流の効率化を中心とした対策が大半で，企業オリエンティドの色彩を強めている。環境問題の温度差が両国の物流改革の差に現れていると考える。アメリカにおいて物流大賞にグリーン物流が顔を出してくるためには，環境問題がアメリカで関心を集め，カーボンフットプリントや排出量取引，マテリアルフローコスト会計（ＭＦＣＡ），あるいはその他アメリカ版カーボンオフセットなどが本格的に動き始めるようになるまで待たなければならない。

　近年のアメリカの物流大賞を分析すると，莫大な投資を行った物流イノベーションではなく，比較的手頃な投資で費用対効果が大きい物流改革が選ばれている。すなわち誰でも取り組むことができる改革というところが重要なのであろう。いま１つは物流改革の切り口ないし着眼点，発想（創造性）が重視されている。Kimberly-clark 社は RFID，GPS，Wi-Fi（無線ラン）を活用したトレーラー追跡，Papa John's International Inc はベンダーと輸送業者の整理統合と輸送過程の見える化，New Egg.com は totes と pick to light system を利用した注文処理の効率化に新しい知見がある。

　日本においては，リーマンショック以降の景気後退と東日本大震災によって，企業の地球温暖化対策への関心がトーンダウンする一方，京都議定書の公約期限が迫ってきた。電力不足を補う自家火力発電の稼働も一層顕著となってい

る。いま問われるのは有効なCO_2対策の発見である。この点，自家発電によるCO_2排出量増加とカーボンオフセットする「排出量取引」に加え，実施しやすさと効果の点で企業の評価が高い「エコドライブ」と「エアフィルター」，「きめ細かい配車計画」，「車両の大型化」，「共同物流」などの施策がクローズアップされる。

　海外に眼を転じると，GDP物流コストの数値が示すように日本の物流は世界においてトップクラスの位置にあり，中国においては265社，ベトナムにはすでに35社の日系物流企業が進出し，現地日系企業のフォワーディングを行っている。今後FTAの進展とともに，日系企業の事業戦略は海外生産拠点を通じた迂回輸出と生産拠点の集約化を強めるが，これを受け物流はインフラ整備，通関の電子化，原産地証明書発給手続の緩和，物流・流通網の再編，インターモーダルと輸送・保管・流通加工の一括引き受けの総合物流の推進，輸配送管理や可視化などIT化が強く求められてくる。日本の物流が果たす役割は海外においても一層重要性を増している。

　最後に，東日本大震災においては初動対応の緊急物資輸送が遅れ，SCMが寸断された。政府（マクロ）の物流においては，緊急時必要物資の情報収集とハイ・プライオリティの物資を優先して輸送するシステムの構築が不可欠である。ミクロ（企業）の物流においては，3次，4次の下請けを含めSCM全体の可視化と逆引きシステムの導入，部品の特注化から共通化への転換と海外の地産地消を含め生産拠点の分散化，在庫の積み増しなどが求められてくる。有事の際の保険として，日本企業をリードしてきた持たざる経営を見直す気運が現われている。

　結局，日本の物流は，長所である「サプライチェーンの連動性」や「きめこまやかな物流対応」，「グリーン物流への対応」に今後も継続的に取り組みながら，東日本大震災で示された教訓「情報途絶下物流情報の収集と緊急援助物資を優先して輸送するシステムの構築やSCMの可視化と部品の共通化，積み増しなど」，顕著となっている物流のグローバル化を支援する課題，すなわち物流ネットワークの再編や総合物流，みえる化とIT化などに取り組んでいくこ

あとがき

とが問われていると考える。日本の物流がさらに改革を積み重ね発展していくことを願いたい。

21世紀ミレミアムに入った頃から，特に中国とアセアン出身の留学生が大学院に入学してくるようになった。母国で物流が第3の利潤源として注目を集めるようになったからである。彼らの関心は，物流の最新理論，物流政策，企業の物流改革と分けると，後者に対するものが圧倒的に多い。物流現場の経験が乏しい私が一番苦手とする分野である。

そこで一大転機，着目したのが物流先進国として位置づけられる日米企業の物流改革であった。アメリカの物流大賞を毎年翻訳し分析，また実際に現地調査も数回行った。日本では，約千社が加盟する日本ロジスティクスシステム協会のグリーン物流研究会に参加させていただき，毎月1回企業の人と物流改革についてディスカッションする機会を得た。

物流改革を明確にする動機からスタートした研究は，その後企業が取り組む「グリーン物流」，「グローバル物流」，そして「東日本大震災と物流」と研究範囲を拡げ内容を掘り下げていった。この間，研究成果を日本交通学会や日本海運経済学会の年次大会，運輸調査局，日本ロジスティクスシステム協会，拓殖大学経営経理研究所で発表する機会も得，貴重なコメントと助言を数多くいただいた。

本書は，こうした経緯を辿って出版に至った文献である。お世話になった多くの関係機関と関係者の方に改めて心から厚くお礼申し上げます。

平成25年3月10日

芦田　誠

索　引

〔ア行〕

IT化 ……………………………… 101
アウトソーシング…………………81
Ashland ……………………………28
アメリカの交通手段別GHG排出量 ……17
アメリカの物流大賞………………… 11, 12
アメリカの部門別CO_2排出量 ……………16
アメリカ陸上交通法
　（SAFETEA-LU）………………… 8
アメリカ連邦政府のCO_2対策 …………17
American Identity …………………25
一次集積所………………………… 115
一般廃棄物…………………………56
Interface ……………………………28
迂回輸出……………………………98
エコスーパーシップ2030……………67
エコドライブ………………………74
エースコック………………………93
液状化現象………………………… 126
SCMが成功する条件 ……………… 6
LED ………………………………69

〔カ行〕

カーボンフットプリント…………… 19, 61
海外進出日系物流企業………………90
改正省エネ法…………………………15
改正容器包装リサイクル法………… 56, 60
家電リサイクル法…………………56
環境税………………………………77
環太平洋戦略的パートナーシップ
　（TPP）……………………………96
関東大震災………………………… 106
カントリーリスク……………………92
カンバン方式………………… 119, 121
規制緩和…………………………… 6
京都議定書………………… 53, 75
共同物流……………………………74
QCサークル活動 ………………… 119
逆引きシステム…………………… 121
キャップ・アンド・トレード方式…71
求貨求車システム…………………66
緊急災害対策本部………………… 109
Kimiberly-clark……………………34
くしの歯作戦…………………… 114
グリーンIT ………………………18
クリーン開発メカニズム……………54
グリーン購入法……………………55
グリーン・ニューディール政策… 18, 19, 47
グリーン物流………………………51
グリーン物流パートナー会議………15
クロスドッキング………………… 7
グローバル・サプライチェーン……… 118
経済産業構造審議会………………86
建設リサイクル法…………………55
現地調達率…………………………92
交通の3要素……………………… 112
効率的な消費者対応
　（Efficient Consumer Response） …… 6
国連気候変動枠組条約締結国会議
　（COP 17）………………………70
コラボレーション………………… 7
コンポスト…………………………59

〔サ行〕

サービス貿易……………………… 86, 87

133

サービス・リンクコスト……………100
サプライチェーン・マネジメント
　（物資の供給連鎖）……………5
Sun Microsystems Inc. ……………32
三陸沖地震……………………………106
Jerome McCarthy ……………………79
自家物流（インハウス）…………80, 81
事業継続計画
　（Business Continuity Plan）………120
資源有効利用促進法…………………55
地震アラームシステム………………126
CDW Corp. ……………………………26
自動車リサイクル法…………………57
自由貿易協定（FTA）………………97
Just in Time Delivery ………………119
シュレーグ……………………………7
循環型社会……………………………55
食料自給率……………………………103
森林吸収………………………………54
スーパーエコシップ…………………67
すばやい対応（Quick Response）………6
3 R………………………………55, 66
世界の地震……………………………117
世界の二酸化炭素排出量……………52
政府開発援助（ODA）………………95
仙台空港………………………………109
総合物流………………………………101
総合物流施策大綱……………………9
総資産利益率（ROA）………………10

〔タ行〕

対外直接投資…………………………88
対外投資残高…………………………87
第3の利潤源………………………23, 79
耐震補強………………………………126
対GDP物流コスト……………………84

ディープ・チャイナ…………………88
ディマンドチェーン・マネジメント……23
地球温暖化に影響及ぼす排出物……52
地球温暖化対策………………………53
チャイナ・プラスワン………………88
中越地震………………………………106
積み合わせの工夫……………………74
寺田寅彦………………………………116
天然ガス（CNG）車…………………18
ドイモイ………………………………88
東京都の排出量取引制度……………71
動態的入札イベント（DBE）………33
トラックターミナル…………………82

〔ナ行〕

日米の輸送手段別労働生産性………84
日本ロジスティクスシステム協会の
　物流大賞……………………………13
New Egg. Com. ………………………38
荷役……………………………………80

〔ハ行〕

Parkn Pool……………………………40
Harper Brush Works…………………30
廃棄物…………………………………56
排出量取引………………………19, 70, 72
Papa John's International Inc. ………36
阪神大震災……………………………106
東日本大震災…………………………106
品質，コスト，納期の確保
　（Quality, Cost, Delivery）……118, 119
4 Ps……………………………………79
物流（Physical Distribution）………79
物流インフラの改善…………………101
物流管理………………………………80
物流事業者の種類……………………81

索　引

物流大賞…………………………… 5, 12, 13
物流の範囲………………………… 80, 81
物流・流通網の改善……………………… 101
Bakers …………………………………27
Best Practice…………………………24
ベトナム進出日系企業………………94
包装……………………………………80
ボリュームゾーン……………………99
本業（Core Competence）……………… 6

〔マ行〕

マーケティング・ミックス………………79
マクロ物流コスト……………………84
マテリアルフローコスト会計…… 20, 21, 68
ミッションゼロ………………………28
ミルクラン……………………………92
モーダルシフト………………… 15, 62, 63

〔ヤ行〕

輸配送管理システム…………………65
輸配送ルートの見直し………………74
容器包装リサイクル法………………55

4大公害裁判……………………………52

〔ラ行〕

ライン・ストップ・ボタン………… 119
ラストワンマイル…………………… 111
陸上給電………………………………67
リーディング産業……………………86
リードタイム…………………………63
リーン生産（Lean Production）……… 119
リスクマネジメント……………… 120
リトレッドタイヤ……………………66
リユース………………………………66
流通加工………………………………80
利用運送事業者（Forwarder）…………82
ルネッサスエレクトロニクス…… 116, 117
レイアンダーソン………………… 15, 28
レジ袋…………………………………56
Resilience …………………………… 124
Logistics Management ………………24
労働生産性……………………………83
ロマプリータ地震………………… 105

135

著者紹介

芦田　誠（あしだ　まこと）
拓殖大学教授，拓殖大学経営経理研究所長
拓殖大学副手，州立カリフォルニア大学バークレー校交通研究所客員研究員，拓殖大学貿易学科長，商学部長，日本交通学会理事，監事などを経て現職。

主要著書
『公共交通政策の転換』（共著，日本評論社，1987年），『現代基礎経営学』（共著，創成社，1992年），『交通学説史の研究（そのⅢ）』（共著・交通学説史研究会編，運輸経済研究センター，1988年），『企業と環境』（共著，税務経理協会，1999年），『21世紀社会の企業情報』（共著，創成社，2000年），『基礎から学ぶ交通と物流』（単著，中央経済社，2006年），『交通ハンドブック』（共著・日本交通学会編，白桃書房，2011年）

著者との契約により検印省略

平成25年3月30日　初版第1刷発行

拓殖大学研究叢書（社会科学41）
ロジスティクスの改革最前線と新しい課題

著　者　芦　田　　　誠
発 行 者　拓　殖　大　学
〒112-8585　東京都文京区小日向3－4－14
電話（03）3947－7595（研究支援課）
FAX（03）3947－2397（研究支援課）
印 刷 所　　税 経 印 刷 株 式 会 社
製 本 所　　株式会社　三森製本所

発 行 所　〒161-0033　東京都新宿区下落合2丁目5番13号　　株式 税務経理協会
大　坪　嘉　春
振　替　00190-2-187408　　電話（03）3953-3301（編集部）
ＦＡＸ（03）3565-3391　　　　　（03）3953-3325（営業部）
URL　http://www.zeikei.co.jp/
乱丁・落丁の場合は，お取替えいたします。

© 芦田　誠 2013　　　　　　　　　　　　　　　Printed in Japan

本書を無断で複写複製(コピー)することは，著作権法上の例外を除き，禁じられています。
本書をコピーされる場合は，事前に日本複製権センター（ＪＲＲＣ）の許諾を受けてください。
JRRC〈http://www.jrrc.or.jp　eメール：info@jrrc.or.jp　電話：03-3401-2382〉

ISBN978-4-419-05938-5　C3034